W0233762

Hermann F. Fischer

Freude contra Frust
Ein pandemisches Panoptikum

„Freude contra Frust"

Ein pandemisches Panoptikum

Aufheiterungsversuche eines
Dorf-Chronisten

von

Manfried Fischer

Rediroma-Verlag

Bibliografische Information der Deutschen
Nationalbibliothek:
Die Deutsche Nationalbibliothek verzeichnet diese
Publikation in der Deutschen Nationalbibliografie; detaillierte
bibliografische Daten sind im Internet über
http://portal.dnb.de abrufbar.

ISBN 978-3-98527-138-2

Umschlagillustration: Mopic (shutterstock.com)

www.rediroma-verlag.de
12,50 Euro (D)

*Gewidmet meinen Freuden Ute und Rupert Goetz
in großer Dankbarkeit für ihren Einsatz bei der Aufzucht
unserer Tochter Claudia, dem „Vogel auf dem Leim".*

Inhalt

Pandemisches Panoptikum:
Präludium

Es sitzt ein Vogel auf dem Leim,
er flattert sehr und kann nicht heim.
Ein schwarzer Kater schleicht herzu,
die Krallen scharf, die Augen gluh.
Am Baum hinauf und immer höher
Kommt er dem armen Vogel näher.
Der Vogel denkt: weil das so ist
Und weil mich doch der Kater frisst,
so will ich keine Zeit verlieren,
will noch ein wenig quinquilieren
und lustig pfeifen wie zuvor.
Der Vogel, scheint mir, hat Humor.

Wilhelm Busch

HUMOR heißt also das Motto, besser noch: GALGEN-HUMOR. Denn die Lage ist ernst, besser noch: tod-ernst, und das nicht nur der Corona wegen. In dieser Situation sagt ein Uralt-Rezept: trotzdem lachen.

Ob das freilich dafür ausreicht, dass *Freude die Angst frisst,* darf, besser: muss bezweifelt werden. Höch-stwahrscheinlich wird sich wieder erweisen, dass Bei-des zum Leben dazugehört, nicht eliminierbar ist. Vorü-bergehender Erfolg ist da schon ein Sieg, wenn auch oft ein Phyrrus-Sieg. Das gilt um so mehr, wenn man sich anschickt, eines der gegenwärtig schlimmsten Übel, das den Planeten in den Griff genommen hat, mit allen erdenklichen Mitteln zu Leibe zu rücken. Für die Psyche der angeschlagenen Menschheit ist da, das ist meine feste Überzeugung, Freude die beste Medizin zur Steigerung der Lebenslust – und außerdem die Einzige, die ich aus der literarischen Hausapotheke zu erschwinglichen Preisen liefern kann.

Da mein Fundus in dieser Richtung recht beschränkt ist, empfiehlt sich ein Gang durch das ziemlich ansehnliche Areal, das deutsche Dichterfürsten unter der Generalüberschrift *„Humor"* hinterlassen haben. Für mich, der soeben durch einen Piecks der Impfnadel seinen ungeliebten vorderen Platz auf der Liste der Höchst-Risikopatienten verloren hat, ist zwar die Situation des Vogels auf dem Leim deshalb grundsätzlich nicht aus der Welt geschaffen und das fröhliche Quinquilieren allemal ein vernünftiger Vorschlag, auf den ich schon aus Selbsterhaltungsgründen als den naturgemäßen Antrieb für meine Reise zu den neuen Ufern, die ich im Sinn habe, eingehen will.

Stimmungsbilder eines Dorfchronisten habe ich als Untertitel gewählt, weil die erwartete beschauliche Betrachtung eines alten Herrn, der sich seit einem Jahr noch einmal mit der Bilanz seines Lebens beschäftigen wollte, plötzlich arg verhagelt und zertrampelt wurde, was dann häufig zu vielen dem Thema abträglichen Kommentaren und Schilderungen von Stimmungseinbrüchen geführt hat, die der ehemalige Dorf-Chronist zu seiner Druckminderung an die Öffentlichkeit weiterleiten musste.

Ein *pandemisches Panoptikum* ist das, was dabei herausgekommen ist und was auf der Überlegung fußt, dass auch von einem Dorf-Chronisten erwartet werden darf, dass er das Leben in seiner Gänze zu schildern versucht und nicht nur einen speziellen Gesichtswinkel bedient.

Noch einen letzten Akkord mochte ich in meinem Präludium „antönen" (manchmal ist der Schweizer Dialekt wirklich liebenswert): der Leser wird feststellen, dass durch mein Buch wie ein vielfacher Akkord der „Jubel" durchklingt, „das Jubeln" etwas bescheidener gesagt. Dafür gibt es zwei Gründe: der eine ist dem Zufall (?) geschuldet, dass mein Leben sich in fast skandalöser Weise um das Thema „Jubeln" gedreht hat; der andere ist ausschließlich der Corona-Pandemie anzulasten, denn eigentlich hätte meine Heimat „Bernried" im vergangenen Jahr selbst ein „Jahrhundert-Jubiläum" zu feiern gehabt, nämlich die 900jährige Wiederkehr seiner ersten urkundlichen Erwähnung infolge der Schenkung eines Stifts für die Augustiner-Chorherren durch Graf Arco und seine Gemahlin Adelheid im Jahr 1120.

Dieser Jubel wurde zwangsweise vertagt und wartet immer noch auf das Signal zum Start.

Pandemisches Panoptikum:
Hans im Glück und die Büchse der Pandora

Die Corona-Pandemie ist eine Zumutung für unsere Gesellschaft, so sagte es Angela Merkel vor einigen Monaten. Diese Feststellung wird allgemein geteilt, obwohl die Meinungen zu dem Thema inzwischen hochgehen wie die Wogen bei Windstärke 12 auf hoher See. Auch der Berichterstatter mit seiner selbstgesuchten Berufung als Dorf-Chronist wagt da nicht zu widersprechen, vielmehr will er in ihrem Schatten auch für sich und sein Buch das Wort in Anspruch nehmen: es ist eine Zumutung!

Nachdem ich nun schon fast zwei Jahre von der Front berichte, einem Zeitpunkt, da dieses Übel überhaupt noch nicht bekannt war, hat mich diese Seuche mindestens zehn Mal dazu gezwungen, meine ursprünglichen Intentionen nicht nur in Teilen zu ändern, sondern in ihrer ganzen Ausrichtung über den Haufen zu werfen. Letztlich wusste ich mir nicht mehr anders zu helfen, als Verhau Verhau sein zu lassen, was sich in meinem Titel im Wort PANOPTIKUM ausdrückt. Es geht eben drunter und drüber, sowohl, was die Themenvielfalt angeht, als auch den zeitlichen Ablauf, was mit Sicherheit auch der gedanklichen Klarheit schlecht bekommt, wohl auch zu sprachlichen Verstiegenheiten verführt, und was sich gewiss nicht selten an holprigen Metaphern und gewagten Assoziationsketten festmachen lässt. Doch kann ich zu meiner Verteidigung nur anführen: so ist das Leben, ein Panoptikum, ein Verhau, was am besten mit chaotischer Unordnung zu übersetzen ist. Ich bitte um Nachsicht, wenn ich der vorrangigen Chronistenpflicht folge, also von der Wahrnehmung der Abläufe berichte und weniger von den durch sie geweckten Emotionen.

Wenn man einen so eindeutigen *Devil* (Sündenbock) hat, der scheinbar an allem *Evil* schuld ist, ist es naheliegend, diesem dann auch alles Schlimme in die Schuhe zu schieben, wozu momentan die amerikanischen Verhältnisse besonderen Anlass geben. Wahrheitsgemäß kann ich nicht behaupten, mit der Intention angetreten zu sein, nun in meinem Leben noch ein Buch gegen diesen Devil schreiben zu wollen, denn als ich begann, war *Pandemie* ein Fremdwort, mit dem man noch nichts anfangen konnte. Vielmehr war es meine Idee, der Menschheit klarzumachen, dass sie vom rechten Kurs abgekommen sei und ihr Schiff mit höchster Wahrscheinlichkeit in Kürze in den Abgrund steuere. Das klingt hochtrabend, aber wird immerhin schon seit den Prophezeiungen des *Club of Rome* mit zunehmender Schärfe vertreten und diskutiert; ich habe diese mir realistisch erscheinende damalige Einschätzung lediglich vor meinen Wagen gespannt, um mich dann ganz dem Thema **Freude** widmen zu können, denn mein Anhaltspunkt lautet:

Vor lauter geiler Gier, jeden erdenklichen Spaß zu erhaschen, haben wir die Freude am Leben aus den Augen verloren.

Dazu fühlte ich mich nicht nur berechtigt, sondern als Skipper sogar verpflichtet in meinem schon fast verzweifelten Versuch, das unter der Flagge „Homo sapiens" segelnde Schiff wieder auf den rechtweisenden Kurs zurück zu bringen. Das „sapiens" allerdings würde ich inzwischen als „schmückenden Beinamen" dem Schiff und seiner Reederei als unzutreffend ausreden wollen.

So habe ich das Auftauchen der Pandemie auch von Anfang an als ein Zeichen betrachtet, das in der Schifffahrt mit dem Morsespruch *„pan-pan"* vor akut drohender Gefahr warnt und häufig kurz darauf von dem allgemein bekannten Notruf *„S-O-S"* gefolgt wird, in dem es dann schon um die Rettung der Seelen geht. Allerdings kann ich nicht beweisen, dass in diesem *„pan-pan"* auch die aus der griechischen Mythologie bekannte *„ **Pandora"*** steckt, die ja als die Urheberin allen Unglücks gilt, da sie gegen die ausdrückliche Weisung, die ihr gegebene Büchse mit den darin verschlossenen Übeln dieser Welt nicht zu öffnen, eben genau dieses tat.

So hat sich also mein ursprünglich so gut gemeinter Versuch, als **Hans im Glück** Freude zu bringen, in eine blutige Schlacht mit tödlichem Ausgang in wörtlicher Bedeutung verwandelt, was mit meinem Titel Pandemisches Panoptikum noch sehr euphemistisch umschrieben ist. Pandoras Spuren sind im Dickicht der Mythen-Geschichten weitgehend verloren gegangen, nicht so die Übel aus ihrer Büchse, die der Menschheit von den

Göttern als Strafe auferlegt wurden für den Diebstahl des Feuers durch Prometheus. Das Corona-Virus hat sich inzwischen gut versteckt, bis es schließlich den Sprung zum Wirtstier Mensch geschafft hat. Nachdem es nun sozusagen „die Maske fallen gelassen hat", sind wir jetzt zu „Maskenträgern" geworden, auch eine „Mutante" und eine Metamorphose dazu.

Da müssen wir jetzt durch, wie man heute in ausweglo- ser Situation so sagt.

Pandemisches Panoptikum:
Vorspiel oder Prolog

Heute Morgen hat mich ein seltsamer Gast aufgesucht, den ich zunächst gar nicht erkannte. Der Ordnung halber will ich das Datum notieren, wie ich es mir seit einiger Zeit, seit ich solche frühen Besuche bekomme, die darauf hoffen, zur Hauptfigur in meinem nächsten Buch zu werden, zur Gewohnheit gemacht habe: es ist der 8. Juli 2020. Ich wusste sofort, dass ich den schon einmal gesehen hatte. Er kam langsam und etwas unsicher durch die Tür meines Schlafzimmers, die immer offen steht, damit Don Camillo, mein Kater, nach Belieben rein- und rausgehen kann; er ist schon 17 Jahre alt und nachdem mich meine Frau vor drei Jahren verlassen hat, darf er nahezu alles. Der Mond, der gerade erst seinen runden Geburtstag hinter sich gebracht und mit seinem Abnehmen begonnen hatte und deshalb in wenig imposanter Bauchlage im Südhimmel hing, warf einen bleichen Schimmer auf das ebenso bleiche Gesicht meines Besuchers und da erkannte ich ihn: es war der Boandlkramer, unverkennbar, wie gerade dem Film von Kurt Wilhelm entsprungen.

Behutsam näherte er sich meinem Schreibtisch, auf dem noch die letzten Entwurfsblätter, das Ergebnis meiner gestrigen Arbeit an meinem neuen Buch offen herumlagen, beugte sich ein Stück vor, steckte seine spitze Nase hinein und murmelte leise, aber verständlich:

"So, da schreibst ja scho wieder an so am Schundheftl, bist jetzt woi ganz unter de Schriftsteller ganga, wos?"

"Was, Schundheftl sagst du zu meinen schönen Büchern? Du bist wohl noch beleidigt von unserm letzten Diskurs vor zwei Jahren in Großhadern wegen meinem Schrittmacher? Ich geb ja zu, dass des nicht so ganz die feine Art war, das in meinem Buch so auszuposaunen, aber ich wollt halt gern was Schriftliches in der Hand haben, weil ma ja beim Boandlkramer net so recht weiß, ob er zu den himmlischen Hofschranzen g'hört oder blos ein Lakai is, der macht, was ma ihm anschafft."

"Ja, des kummt davo, wenn ma sich in seine Bücher net klar ausdruckt" gab er ausweichend zur Antwort. Diese bedurfte eigentlich keiner Erwiderung, doch wollte ich nicht unhöflich sein, so sagte ich, und ich merkte, dass meine Stimme zitterte:

"Du siehst es ja selber! Aber ich bin erst ganz am Anfang und hab noch nicht einmal einen gescheiten Titel."

"Soso, jetzt versteh' ich so langsam, was da gspuilt wird, de da drob'n woiln a bissl Öl auf die hoha Wellen giaßn, wo doch die Corona-Supp'n so vui Verdruß bracht hat. Jetzt brauchens oan, der wieda a bessers Wedda, a bessers Klima macha ko, da is eana der oide Siemens-Schreiberling eigfalln, der scho so dann und wann amal in unruhige Zeiten de Wogen beruhigt hat."

17

"Ja, und was willst nachat von mir? Steh ich jetzt vielleicht doch auf der Abschussliste, wo sie mir doch grad den neuen Herzschrittmacher eing'setzt haben!"

"Na, darum geht's gar net, aber de Herren moana halt, in dera Situation brauchats a Aufhellung durch was Scheens, was Heiteres, was hoid Freid macht. Und da hast Du doch scho was gschriam in der Richtung."

„Du meinst vielleicht mein Buch "Freude. Die Botschaft des Kleinen Königs?"

"Ja, des glaub i scho. Sie hamm gmoant, wo doch der "Kleine Prinz" auch so an großen Erfolg ghabt hat, kannt ma 's auch amal mit am Kleinen König probieren."

"Und die Herren meinen also, ich könnte jetzt meinen *Kleinen König* aus dem Hut zaubern und damit etwas gegen die Klima-Katastrophe ausrichten?"

"Ja, i moan scho a, dass des net schlecht war, ma muaß hoid ois probieren, dass de scheene Welt net d'Katz frisst! Hast Du net grad was von am Vogel g'schriam, der auf 'm Loam sitzt, wo ihn glei d'Katz frisst?"

"Nein, des war der Herr Busch, der Wilhelm Busch, und des is schon eine ganze Weile her, allein des Wort "quinquilieren" kennt heut fast niemand mehr, und von Herrn Busch kennt man vielleicht gerad noch *Max und*

Moritz. Aber Du hast Recht, das Gedicht endet mit der Zeile: ich glaub' der Vogel hat Humor!"

"Ja, Humor! Aber grad so schlimm schaugt's aus, sagn die Herren."

"Und wer bitte sind die Herren?" erlaubte ich mir zu fragen.

"No ja, der ganze himmlische Vorstand und der Aufsichtsrat noch dazu."

"Und des meinen die wirklich ernst, du verarschst mich auch ganz bestimmt net?"

"Also der CEO Petrus hat zwar glacht, aber wia i den kenn, moant er des "tod-ernst", sunst hätt er des Gschäftl net ausgrechnet mir auftragn, wo i mi vor lauter Sonderschichten zur Zeit eh nimmer naus'seh'!"

"Das ist ja eine schöne Bescherung! Und was soll ich schreiben?"

" Des is ned so wichtig, es soll halt vor allem so richtig Freid macha beim Lesen. Oaner vo de Herren da obn hat no gmoant, es gäb auf der Welt zwar scho vui Spass, aber koa richtige Freid mehr. Des werst Du scho richtig versteh!"

"Allerdings, des sag i ja auch schon lang. Aber an irgend einem Thema muss i des ja zwangsläufig aufhängen, verstehst?°

"Nimmst halt no amal dei Leben, da kennst di ja am besten aus! Hast die ja selber scho zum Gaudibursch ernannt."

"Na, also Gaudibursch passt net so recht zu mir, dann lieber *Der Mann mit Rose und Zylinder.*"

"I woas zwar net, was du jetzt moanst, aber warum net? Das himmlische Lektorat wird 's dann scho sag'n, wenns ihm net passt, die müassn ja so no ihr "nihil obstat" oder wia dös hoast, dazu geb'n."

"Nun, darauf dann einen Kersch, ich weiß ja, dass Du da eine Schwäche hast. Trink ma auf die Freud! Und sag deinen Herren, dass ich das mit dem *Kleinen König* ganz gern ausprobieren möchte, ich hab sowieso schon etwas in dieser Richtung machen wollen. Wegen der Freude muss ich noch mit meiner Muse reden, und vielleicht auch noch mit den Herren Schiller und Beethoven, die haben die älteren Rechte."
„Also dann Prost auf die Freid!" lachte der Boandlkramer, „und vui Glück!"

Das war dann also der früheste "Kersch" meines Lebens. Der Boandkramer ging vergnügt aus dem Haus, und jetzt bin ich dran und meine Muse. Freude ist also jetzt gefragt! Und ich schau jetzt erst einmal dumm aus der Wäsche: wo soll ich denn die herzaubern?

Erst später kamen mir Bedenken. Kann man, darf man das, sich mit dem Tod so einlassen, noch dazu, wenn man sich in Corona-Zeiten in der obersten Risikogruppe befindet? Aber nun habe ich mich einmal auf das Thema Tod eingelassen und verkünde überall, dass man nicht vom Leben reden kann, ohne auch den Tod im Auge zu haben, denn er gehört nun einmal zu dem Spiel dazu. Auch der Herr von Kobell wird es mir hoffentlich nachsehen, wenn ich mir eine seiner Figuren ausleihe, sein Erfolg wird damit ja nicht geschmälert, sondern eher vermehrt. Und schließlich wurden mir von meinen im Hintergrund für das Drehbuch agierenden Gehilfen schon so viele zum Thema passende Ideen und Versatzstücke zugespielt, dass es fast unverzeihlich wäre, daran einfach so vorbeizugehen. Naja, und dann weiß man ja auch nicht, ob man selbst nur ein Spiel treibt, oder ob man "im großen Spiel" eine Rolle zugedacht bekommen hat, denn die Quantenphysik sagt uns ja ganz unzweideutig, dass es einen unbeteiligten Beobachter gar nicht gibt, dass wir also auch ungewollt auf das Ergebnis Einfluss nehmen. Genau das ist es ja aber auch, was meine erklärte Absicht ist, etwas zu verändern am Lauf des verfahrenen Karrens...

So will ich denn das verwegene Spiel wagen, auch Makabres dabei in Kauf nehmen und mich also ganz der Freude hingeben.

Bei näherem Hinsehen entdeckte ich, dass tatsächlich so einige Voraussetzungen bei mir gegeben sind, um Freude zu thematisieren, denn mein bisheriges Leben war nicht nur spannend und bunt, sondern durchaus auch lustig; jedenfalls gab es reichlich Anlass zum Lachen, und in den meisten Fällen ist dem dann auch aus vollem Herzen gefolgt worden. Ich will damit zwar nicht behaupten, dass mein Leben eine einzige Lachnummer gewesen sei, aber in selbstkritischen, luziden Momenten komme ich doch zum Ergebnis, dass mich bei meinem Erscheinen auf diesem Planeten schon seit Anfang an ein fröhlicher Geselle begleitet hat: der Humor. Ausnahmsweise bin ich mit der Definition von *Wikipedia* sehr einverstanden und will sie deshalb hier auch zitieren:

> *Humor ist die Begabung eines Menschen, der den Unzulänglichkeit der Welt und der Menschen, den alltäglichen Schwierigkeiten und Missgeschicken mit heiterer Gelassenheit zu begegnen.*

Demnach handelt es sich also nicht um ein Verdienst, sondern um eine Gabe und darüber lässt sich dann auch viel leichter reden.

So unterdrücke ich denn auch meine Skrupel, in Folgenden meine Darlegungen zum Thema Freude weiter in der Ichform zu referieren und die durchaus mögliche Kritik meiner Leser in Richtung Selbstbeweihräucherung zu ertragen. Nicht umsonst habe ich das als Ministrant schon früh geübt!

Eine zweite Vorbemerkung sollte ich vielleicht noch einfügen. Es geht dabei um meine Lebensauffassung, die von kritischen Lesern durchaus mit der Bezeichnung „frivol" belegt werden kann: ich sehe das Geschehen meiner Existenz um mich herum und natürlich erstrecht meine eigenen Aktionen als ein riesiges Bühnenspektakel an, was mir die Möglichkeit bietet, alles nicht ganz so ernst nehmen zu müssen. Ich bin mir durchaus darüber im Klaren, dass dies ein etwas dreister Schritt im Rahmen meiner Deutungshoheit gegenüber dem Leben ist, bin damit aber letztlich gut gefahren und kann ihn deshalb zur Nachahmung empfehlen.

„Das Leben ist ein grandioses Theater" sagt Lotte Ingrisch, die Frau von Gottfried v. Einem, in ihrem Buch: *Der Himmel ist lustig.*

Damit ist nun schon ein Stichwort gefallen, das einen entscheidenden Hinweis gibt auf das Stück, das da auf den Brettern dieser Welt gegeben wird, und da ist vielleicht auch ein Hinweis auf das Bühnenbild ganz hilfreich, da es mit großer Raffinesse ersonnen wurde. Es handelt sich um eine Art doppelter Guckkastenbühne, die übereinander getürmt beide einzeln, fallweise aber auch gemeinsam in Aktion sind. Auf der oberen Ebene geht es um das Geschehen in unserem Kosmos (kosmische Bühne), auf der darunterliegenden geht es um das irdische Geschehen („komische Bühne"); dementsprechend liegt der optische Fokus der oberen Ebene auf „Totale", also größtmögliche Distanz, bei der unteren auf „maximaler Zoom", also größtmögliche Spreizung. Dabei ist ein geradezu teuflischer Spezialeffekt eingebaut, dass die Zuschauer sowohl als Darsteller agieren, sich dabei aber selbst zuschauen können, und zwar beides gleichzeitig! Der in Quantenphysik bewanderte Leser wird feststellen, dass dieser Trick genau dem gegenwärtigen Modell der Welterklärung entspricht. Noch auf einen weiteren Effekt ist hinzuweisen: wenn gelegentlich in einer der irdischen Ebene angehörenden Szene der Eindruck entsteht, dass die Figuren wie Puppenspieler an Fäden bewegt werden, so ist das konzeptionell erwünscht als Ausdruck eines noch nicht abschließend geklärten Sachverhalts.

(Regie-Anweisung: angesichts der gegenwärtigen Probleme bei der Umsetzung dieser Bühnenvision wird empfohlen auf die Realisation derzeit zu verzichten!)

So, damit kann nun also *nun das Spiel um die Freude* so richtig beginnen.

Pandemisches Panoptikum: Buch I
Am Anfang: Nichts

Das Spiel beginnt mit einem Paradoxon: Es beginnt, aber es ist längst schon im Gang: es hat keinen Anfang. Die Frage, was vor dem Anfang war, geht ins Leere, denn vor dem Anfang war nichts.

Und das gilt für beide Bühnen: für das Ganze, also für den Kosmos, den wir Welt nennen, als auch für den Anfang jedes einzelnen Individuums. Niemand weiß auch Genaueres über seinen Anfang, keiner weiß, wo seine Seele herkommt. Aber es gibt viele Theorien, Modelle und Spekulationen.

Das Spiel hat außerdem auch kein Ende. Weder wissen wir, wie die Welt einst endet, noch wie man selbst endet. Das kann jeder selbst für sich nach einer der gängigen Spekulationen und Überzeugungen so oder anders – und in jedem Fall nur vorläufig - interpretieren. Von gesichertem Wissen kann man dabei also nicht sprechen, das Spekulationspotential ist dementsprechend deutlich höher. Allerdings habe ich noch nichts davon gehört, dass die Wettbüros, die ja sonst auf alles Wetten annehmen, in diesem einen Fall einen Einsatz wagen. Wohl soll es aber Leute geben, die sich nach ihrem Tod einfrieren lassen in der Hoffnung auf Fortschritte der Wissenschaften in Richtung auf ein immerhin denkbares irdisches Weiterleben, gar als dann vielleicht "ewiges Leben", auf das jetzt schon nennenswerte Teile der Erdbevölkerung zählen, das dann freilich kein irdisches mehr sein kann; die Erde müsste sonst schnell wegen Überfüllung geschlossen werden.

Also: ein Spiel mit vielen Unbekannten, was man nun als ärgerlich, aber auch als höchst spannend empfinden kann. Das heißt also wieder einmal: es kommt auf unsere Einstellung an, wir sind letztlich in dem Spiel nicht nur die Darsteller, sondern auch Intendant, Dramaturg und Regisseur in einer Person!

Wie auch immer: jedem Menschen steht auf dem Feld seines eigenen Urknalls, um es mal etwas reißerisch zu formulieren, ein schier unendliches Feld für Spekulationen jeder Art und Couleur zur Verfügung, was gerade für Schriftsteller, denen man dazu auch noch dichterische Freiheit zubilligt, natürlich ein gefundenes Fressen darstellt. Ich gebe es offen zu: die Versuchung ist gewaltig! Und ich will ihr diesmal auch nichtausweichen!

Das Stück, das ich zwar nicht ganz selbst geschrieben habe, dessen Hauptdarsteller ich aber bin, heißt:

Hans im Glück

Wie es sich spätestens seit Goethes Faust gehört, spielt der erste Akt im Himmel als dem Ort, wohin die Menschheit aller Rassen und Idiome ihre offenen Fragen, aber auch die seit alters her selbst erfundenen Antworten hin projiziert. Allerdings bedeutet dies, dass dabei wiederum die Fantasie jedes Einzelnen gefragt ist, was die Bühne doch erheblich einengt.

So ist es wohl in unserem Fall auch kein Zufall, dass es im Himmel "schwer nach Siemens" riecht. Denn bei dem Protagonisten geht es um einen Siemens-Mann, zwar nicht um Alois Hingerl, dem immer durstigen Münchner Dienstmann (nach dem Buch von Ludwig Thoma), der gelegentlich auch schon mit meiner filmischen Unterstützung als *"Siemensmann im Himmel"* aufgetreten ist, sondern um einen noch absolut unbekannten Jungen namens Hermann-Friedrich, der da gerade in der Mache ist. Nach dem im Himmel vor kurzem eingeführten Produktions-Grundsatz "just in time" ist entsprechend der Bestellung des Kunden dessen Erscheinen auf dem Planeten Erde für das Jahr 1934 und zwar am 18. September vorgesehen. Und bis dahin ist noch viel zu tun! Denn seit seiner Zeugung, die nach den Andeutungen seiner Eltern am Weihnachtstag 1933 über die Bühne ging, musste in einem ersten Produktionsschritt praktisch die ganze Evolution, wie sie sich bis dahin auf der Erde vollzogen hatte, im Schnellverfahren in neun Monaten nachvollzogen werden, um den gegenwärtigen Status Quo des menschlichen Jahrgangs 1934 zu erreichen. In alten Baumustern ist da meist noch ein Storch zu erkennen, der den neugierigen Spähern, die sich bei dem Werkschef Petrus eine Betriebsbesichtigung erschlichen haben, den Bären aufgebunden hatte, er fischte aus dem bestgehüteten Werksteich mit der Ursuppe die dazu notwendigen Keimzellen und lieferte diese zur Weiterbehandlung in den Design-Büros ab. Übrigens hat sich der Storch bis heute in ländlichen Gegenden noch als Herr der Szene behaupten können.

27

Daraus haben diese Spione dann den weiteren Ablauf interpoliert: dass die menschliche Keimzelle da schon im Prozess mitwirkt, in dem sie die Entscheidung in der Frage trifft, zu welchen Eltern sie kommen will und welche besonderen Interessen sie dazu führen, die Erdenreise anzutreten. Für einfache Gemüter ist ja von den James-Bond-Filmen her ganz gut vorstellbar, was der künftige „007" für die Bewältigung seines speziellen Programms an Ausstattung so alles mitbekommen muss.

Der kleine Hermann-Friedrich, der selbst noch keine Ahnung hat, wie er einmal heißen werde, hatte bei seinen ziemlich vorwitzigen Erkundungen durch den Bühnenvorhang - um die hochkomplizierte himmlische Maschinerie einmal in einfache irdische Begriffe zu übersetzen - sich für ein außerordentlich rechtschaffenes und auch rechtschaffendes schwäbisches Elternpaar entschieden, das schon zwei Bübchen ans Licht der Welt gebracht hatte, die aber bald darauf gestorben waren, und wo ein sehnlicher Wunsch nach dem Stammhalter fortschwelte.

Bei der anspruchsvollen Wunschliste für den Jungen nach charakterlichen und beruflichen Fähigkeiten ergab sich: Vielseitigkeit, Anpassungsfähigkeit, Friedfertigkeit und statt der sonst üblichen Nennung "Weltverbesserer" fand sich die eher seltene Angabe "Freudenbringer", was als die geläufigere Bezeichnung "Sonnenscheinchen" dann im Protokoll seinen Niederschlag fand.

Während also im Himmel an einem entsprechenden Baumuster für die neue Seele herumgeschnitzt wurde, ergab eine Befragung bei den in Aussicht genommenen Eltern, dass er vor allem gesund sein und Herz und Mund auf dem rechten Platz haben sollte, was für Schwaben durchaus nichts Ungewöhnliches ist. Von Schiller und Goethe und anderen württembergischen Geistesgrößen war da offenbar noch nicht die Rede und auch den heimlichen Wusch nach der Laufbahn eines katholischen Geistlichen für ihren Sohn traute sich meine künftige Mutter da noch nicht zu offenbaren, obwohl sie dann nach seiner Geburt in diesem Punkt weniger zögerlich war. Und tatsächlich, Hermann- Friedrich kam praktisch schon als Prälat auf die Welt!

Bevor es aber so weit ist, soll doch auch noch ein Blick auf die Befindlichkeit des Buben selbst geworfen werden, auch wenn sich dieser daran wohl kaum erinnern kann.
Nach Bekundung seiner Mutter plagte sie der kleine Hermann-Friedrich – der Name lag bei der Geburt übrigens schon fest und auch die Geburtsanzeigen waren schon gedruckt, so sicher war sie sich, was das Geschlecht des erwarteten Familiennachwuchses betrifft – zwei Tage kräftig, bevor er sich dann mit gehörigem Durchsetzungsvermögen dazu entschloss, den entscheidenden Ausbruch aus dem Mutterschoß zu wagen.
Das alles geschah im Kreissaal des Schwabinger Krankenhauses am Rotkreuzplatz in München. Aus der Sicht des Jungen dürfte sich bei ihm gehöriges Entsetzen breit gemacht haben, als ihn zunächst grelles Licht

blendete und er als erstes einen Klaps auf den Po erhielt, um den Lungen deutlich zu machen, was sie jetzt zu leisten hätten. Ziemlich verblüfft versuchte er sich an dem Spruch seiner Mutter aufzurichten, - denn zu allem Überfluss schwebte er kopfüber in der ungewohnten Krankenhausluft -, der ihm riet, das Unvermeidliche mit Würde zu ertragen, einen Spruch, den er später oft aus ihrem Mund zu hören bekam. So fand er sich offenbar schnell zurecht, war zufrieden mit der Muttermilch, dem im Übrigen liebevollen Willkommen, und wurde wegen seines vorbildlichen Gedeihens bald von den engelgleich herumflatternden Schwestern „der Herr Prälat" genannt, sehr zur Freude seiner Mutter. Offenbar fand er Gefallen an seinem neuen Dasein als Freudenbringer und in der Aufgabe, sich als *Prinz von Arkadien oder jedenfalls etwas in der Richtung* von seiner Umwelt feiern zu lassen. Es wird berichtet, dass es einige Tage nach seiner Geburt, auf der in München gerade eröffneten „Wiesn" einen regelrechten Auflauf gegeben habe, weil sein Vater und dessen Entourage freudetrunken die Geburt des Stammhalters überschäumend feierten. *„O, o, o, totus floreo",* um schon einmal eine Anleihe bei Orff auf das Überschäumen aufzunehmen, auf das wir später noch zurückkommen werden.

Eines der wenigen erhaltenen Foto-Dokumente aus dieser Zeit zeigt ihn einige Monate später denn auch neckisch scherzend auf einer Art Thron, dessen Auffang-Funktion bei der Verrichtung erster wichtiger „Amtsgeschäfte" ihm offenbar noch fremd war. Überliefert ist aber auch eine Deutung seiner Mutter, dass der

Prinz recht wohl wusste, was von ihm auf dem Thron erwartet werde, aber er nach dem rheinischen Spruch „lecker warm in der Bux" das nicht zur Kenntnis nehmen wollte. Schon aus Selbstachtungsgründen möchte ich dieser Deutung meiner Mutter wenigstens posthum entgegenhalten, dass es auch das eingebaute Schamschutzsystem gewesen sein kann, was den Jungen zu seinem Verhalten geführt hat, weil er den Ernst seiner Präsentation als Thronerbe nicht mit der Intimität seiner Körperlichkeit in Einklang bringen konnte; schließlich hatte er nicht im Sinn, dem französischen Sonnenkönig nachzueifern, der bekanntlich sein Levee als eine Attraktion für die Öffentlichkeit inszeniert hat.

Übrigens stellte sich schnell heraus, dass die Namenswahl für den neuen Erdenbürger kein Glücksgriff war: zwar ist an den Namen selbst, die ja die Vornamen von Vater und Großvater waren, nichts auszusetzen, das Ärgernis liegt vielmehr bei dem Bindestrich, der dazwischen ist, denn der verpflichtete ja das Umfeld, beide Namensbestandteile auszusprechen. Das aber entsprach so gar nicht dem Bestreben zur Kurzform, die damals schon in Mode kam. Ja, „Bub" lag da schon sehr gut im Rennen, aber wo gab es da die Möglichkeit der Unterscheidung? Eine Weile hieß der Favorit dann Stupsi, bis dieser sich diese verdeckte Mängelrüge an der Schönheit seiner Nase verbat. Umtausch oder gar Rückgabe waren amtlicherseits ausgeschlossen, und so musste eine neue Lösung gefunden werden. Nun sind Schwaben ja bekanntermaßen helle im Kopf, und so fand sich die Lösung im Zusammenziehen beider

Namensteile: von Vater Hermann das mann, vom Großvater das fried. Das schien alle Beteiligten zufrieden zu stellen und so marschierte der Hermann-Friedrich nun ohne Bindestrich als Manfried frohgemut *in die weite Welt* hinein. Das dazu gehörende allbekannte "Hänschen-klein" wäre – das sei nur nebenbei gesagt - auch kein schlechter Begleiter gewesen, denn die Zukunft sollte schon bald erkennen lassen, dass sich da ein "Hans-Dampf" in allen Gassen und auch eine "Hans im Glück" entwickelte. Die Ausmaße dieses Glücks, die mit "unverschämt" vielleicht am besten zu umschreiben sind, sollten sich in den späten Jahren unseres Hänschens durchaus noch als ein handfestes mentales Problem erweisen, denn offensichtliche Ungerechtigkeit vertrug sich schlecht mit seinem humanistischen Weltbild, das sich freilich erst so langsam entfaltete. Doch das ist ein eigenes Thema.

Wohl muss erwähnt werden, dass sich unser Glückskind offenbar bei der Wahl seiner Eltern schon als durchaus geschickt und verständig erwiesen hat, denn so wie sein Vater von der Tradition des Fischer-Handwerks durch die Liebe zur Natur – und übrigens besonders auch zu Pferden - geprägt war, so war seine Mutter strebsam, ehrgeizig und gottesfürchtig, was sich in einer starken Affinität zum christlichen Glauben niederschlug. Sie hatte zwar als treu auf dem Boden des Katechismus stehende Katholikin zu solchen zweifelhaften Experimenten wie spiritistischen Sitzungen oder gar Seelenwanderung keine Beziehung, aber der Gedanke, in einem früheren Leben die heilige Johanna von Orleans gewesen zu sein, schien ihr eine verdächtig liebgewordene Vorstellung geworden zu sein, was sie bei Nachfrage aber schnell und wortlos mit einer koketten Kopfbewegung zu dementieren pflegte.

Nachzutragen ist, dass seine Eltern auf ihrem Weg aus eher kleinbürgerlichen Verhältnissen in die bessere Gesellschaft schon weit vorangekommen waren, ihren Wunsch-Wohnort in exklusiver Stadtlage an der Isar in München sowie durch die gerade erreichte Stellung als Leiter des Verkaufshauses Bosch durch den Vater schon zu den oberen Zehntausend gehörten, wie sie selbst das hinter vorgehaltener Hand ihrem Sohn erklärten. Hänschen hörte das mit vielen Freuden und in der Tat gab es in seinem Leben so gut wie keine finanziellen Probleme, trotz Krieg und Niederlage Deutschlands, wenn man einmal von den Hungerjahren im und nach dem Krieg absieht.

Auch den Krieg selbst hatten die drei Fischers, von denen hier die Rede ist, "gnädig überstanden", wie es Hanna üblicherweise formulierte. Das einzige, aber vor allem für die vierfache Mutter schwerste Opfer war der Tod ihrer Tochter Anneliese, die im Alter von 24 Jahren bei einem Fliegerangriff auf München im Juli 1944 in einem Erdbunker im Nachbarsgarten von einer verirrten amerikanischen Fliegerbombe getroffen wurde. Aber das ist eine sehr traurige und damit nicht hier her passende Geschichte; sie ist in meinem Buch "Glück und Glas" nachlesbar.

Zu ergänzen ist hier vielleicht noch, dass der kleine Prinz in seiner Wiege von der Mutter schon eine ansehnliche Portion Mutterwitz und Gottvertrauen vorfand sowie vom Vater alemannische Besonnenheit gepaart mit Tatkraft und Hilfsbereitschaft. So wie sein Vater in seinen Lebenserinnerungen von sich sagt, dass mit seinen guten Anlagen ein aussichtsreiches Leben erhofft werden könne, so sah auch sein Sohn durchaus hoffnungsvoll aus der Wäsche, was die eigene Zukunft als der bestellte Freudenbringer angeht.

Als echter materieller Freudenbringer erwies sich schon seit 1936 das Wochenenddomizil "Haus Hanna", idyllisch gelegen am Ostufer des Wörthsees, das als Geniestreich seiner Mutter, die sich auch gern in der Rolle des Poliers gefiel, gelten darf. Es war für den damals zweijährigen "Erbhofbauern", wie er uns in mancherlei Montur – oft auch ohne diese – im Gästebuch gegenübertritt, für 36 Jahre ein kleines *Arkadien* auf Erden, das von ihm schon mehrfach literarisch besungen wurde. Die als Zugabe bestellten vier Kinder hatten daran auch später gehörigen Anteil, und auch viele Freunde berichten noch heute von vielen dort verlebten Höhepunkten ihres Lebens; leider sind davon auch Viele schon nicht mehr am Leben. Besagtes Gästebuch bietet dazu gute Beispiele.
Im Hinblick auf die spätere Wertung dieser paradiesischen Kinderjahre sollte das außergewöhnliche Maß an Freizügigkeit, ja an Freiheit generell hervorgehoben werden, die das Leben des kleinen Prinzen prägte. Sein

Zugang zum Leben war der Zugang zum Meer, das der See für ihn bedeutete, da ihm die unterschiedlichen Bedeutungen von „der See" und „die See" noch nicht geläufig waren, erschlossen durch einen langen Steg mit Treppe in das dort sehr seichte Gewässer und in weit höherem Umfang durch ein Ruderboot, das eine schier grenzenlose Freiheit versprach. Dazu kam weitgehende textile Freiheit: statt Krone trug er fast immer eine Strohtüte, womit die wichtigste Bekleidungsvorschrift des Märchens "Des Königs neue Kleider" auch schon erfüllt waren. Sein Gefolge bestand meist nur aus einem Foxterrier namens Rowdy, welchem Namen dieser auch alle Ehre machte, und einer Mutter, die allein für ihn da war, aber auch klug genug, ihm weitgehend Freiräume für die Eroberung der Welt zu gewähren. All das ist literarisch wie auch filmisch dokumentiert; der häufig benutzte Begriff "verewigt" fließt mir als Autor aber nur noch sehr schwer aus der Feder, der ich inzwischen die Endlichkeit aller irdischen Paradiese doch schon deutlich in meinen Gelenken – und auch in Gedanken - erfahre. Auch wenn das Papier noch geduldig meine Worte aufnimmt, ist mir natürlich sehr bewusst, dass damit der Erinnerung an mich auch nur ein kleiner Aufschub bis zum endgültigen Vergessenwerden gewährt ist.

Doch heißt die Devise in diesem Pamphlet nun einmal *Freude* und da passen solche Gedanken ja nicht so recht dazu. Kehren wir also zurück zu dem Hänschen, das sich aufmachte, ein rechter Hans Dampf zu werden. Bildlich gesprochen: es war ihm nicht genug, nur mit einer Dampflokomotive zu spielen, er wollte überall Lokomotive sein, und es ließe sich leicht belegen, dass ihm dies auch weitgehend gelang. Er war zwar nicht eben ein hervorragender Schüler, dazu war er einfach zu beschäftigt mit allerlei anderen wichtigen und nichtigen Dingen, so dass ein erfahrener Komponist wohl keine Probleme gehabt hätte, eine schmissige Leporello-Arie daraus zu fertigen. Da es diese bei Don Giovanni schon gibt, soll hier aber darauf verzichtet werden und lediglich die Bemerkung erlaubt sein, dass die himmlischen Designer bei ihrem Versuch, den diversen Wünschen der Kunden gerecht zu werden, im vorliegenden Fall eher zu viel des Guten hinein verarbeitet hatten; vor allem der Wunsch, Herz und Mund auf dem rechten Fleck zu haben, war zunächst in Punkto Mund und später auch in Punkto Herz fast überreichlich erfüllt worden. Neider, die es überall gibt, hätten ob der offenkundigen Übermäßigkeit sicher guten Grund zur Kritik gehabt, doch ist diese zumindest nicht aktenkundig geworden. Überlassen wir es also der Fantasie des Lesers, sich anhand von ein paar Stichworten ein Bild zu machen, was da so alles geboten war: Aufbau und Leiter eines Pfadfinderstammes mit über 100 Jungen aller Altersstufen (Katholische Georgs-Pfadfinder), Leiter der katholischen Pfarrjugend, Führerschulungen, Kassenwart eines Vereins zum Bau eines Jugendheimes, Organisator zahlreicher Veranstaltungen in der Pfarrei zum "fund raising" wie bunte Nachmittage und Theateraufführungen, aktives Mitglied und Klassenobmann in einem Segelklub, Skilehrer, Chauffeur für den Vater, die

Axt im Haus für die Mutter, Tierpfleger für Hühner, Kaninchen und Katzen, Klavierschüler, Krippenbauer, und in der Freizeit Tischtennisspieler und Briefmarkensammler. Dazu kam noch die Schauspielerei, die durchaus ein weiteres Kapitel füllen würde. Und außerdem kam noch hinzu, dass der arme Kerl auch noch vom Ehrgeiz getrieben versuchte, überall alles gut zu machen, ja gar der Beste zu sein. Mit einem kleinen Schuss Chuzpe könnte man sagen, dass ihm wohl eine gehörige Portion Geiz und Gier als negative Beigaben in die Wiege gelegt worden sind, allerdings nur in ihrer eher harmlosen Ausprägung von *Ehrgeiz* und *Neugier*.

Er selbst, das ist aus zuverlässiger Quelle überliefert, empfand sich durchaus nicht als *Prinz von Arkadien*, den er damals auch noch gar nicht kannte, fühlte sich immer eher dem „Klerus minor" zugehörig; dadurch und durch seine angeborene Loyalität brachte er beste Voraussetzungen zur Führungskraft mit, was auch schon früh in einer vertraulichen Beurteilung beurkundet ist. Aus seiner Sicht galt ihm als besondere Gabe seine chamäleon-artige Anpassungsfähigkeit an seine jeweilige Umwelt, mit der es ihm meist schnell gelang, das Wohlwollen und gar die Freundschaft seiner Partner zu erringen. Da ihm dieses Rollenspiel auch selbst große Freude bereitete, tat er aber auch Einiges dafür.

Details zu diesem Mammut-Programm sind bei Bedarf greifbar und, wie der "eingebildete Pinsel" - so wurde er oft von seiner Frau später ge"hänselt" - von sich behauptet, in durchaus amüsanter Form seinen verschiedenen Büchern zu entnehmen. Im Grunde also ein klassischer Fall jugendlicher Geltungssucht. Gelegentliche "Burn Outs" waren, bei diesem üppigen Menü auch nicht sehr überraschend, schon vorprogrammiert.

Bevor er dann sein Studium begann, lernte er seine spätere Frau kennen, die er nach sieben Jahren des treuen Aufeinander-Wartens und dem Diplom für Betriebswirte in der Tasche, am Siebenschläfertag des Jahres 1959 zum Altar führte. Beide sind bzw. waren fest davon überzeugt, in ihrem Leben das Geschenk einer außergewöhnlichen Liebesbeziehung gelebt zu haben, was allerdings nur gelegentlich aus den bisher erschienen Autobiographien durchschimmert; die Vergangenheitsform ist jedenfalls allein der Tatsache geschuldet, dass Marianne ihren Mann inzwischen schon vor drei Jahren verlassen musste. Dazwischen liegt ein reiches und glückerfülltes Leben, trotz einer durch einen Gehirntumor verursachten halbseitigen Lähmung von Marianne, die die letzten 50 Jahre erheblich beeinträchtigte, aber dem gemeinsamen Glück letztlich nicht viel anhaben konnte.

Noch ist meine Schilderung aber weit von diesem Happy-end entfernt, sind wir doch erst in der Phase der *Grundsteinlegung.*

Mori- und andere Taten

Dass i mit meiner G'schicht weidakumm, wie das Ludwig Thoma in seiner Weihnachtsgeschichte so herzerwärmend sagt, steht nun in meiner fiktiven Regieanweisung, dass nun auch einige Gstanzln aus der Jugendzeit unseres Hänschens eingebracht werden sollen im Sinn der angestrebten Aufhellung der zeitbedingt depressiven Stimmungslage.

Hier ist nun erst einmal eine Rückblende fällig: es geht um die Situation in Sachen Unterhaltung eines über Jahrzehnte darbenden Publikums, das im Krieg von der Obersten Heeresleitung zunächst mit Fanfarenklang und Siegesmeldungen verwöhnt, dann nach vergleichsweise zarten Kuckucksrufen in die Luftschutzkeller gescheucht worden war. Danach war erst mal Sense, im Volksempfänger plärrte der AFN, der Ami-Sender. Filme gabs so gut wie keine, Fernsehen noch weit weniger. Das war so etwa das sehr spärlichen Angebot in den ersten Jahren nach dem Krieg.

Belustigungen waren aber weiter gefragt: Eltern und vor allem Großeltern wollten im vorliegenden Fall doch sehen, was ihr Nachwuchs in den Gruppenstunden der katholischen Jugend so alles trieb, außerdem musste ja auch Geld für den Bau eines Jugendheimes aufgetrieben werden, und da empfahl sich der alte Trick: *machts doch wieder einmal einen bunten Nachmittag, spielts Theater und verkaufts Papier-Bausteine.*
Doch das war gar nicht so einfach, denn immer wieder „lustig ist das Zigeunerleben" kann man ja auch nicht singen, und die alten Wanderlieder aus der Vorkriegszeit waren nach ihrer Verfremdung zu Marschliedern für Soldaten noch nicht *entnazifiziert*. Aber wie sollte man

eine Theatergruppe und für diese geeignete Stücke aus dem Boden stampfen? Doch man fand Mittel und Wege: die Tanzpädagogin Senta Maria baute ein Tanzstudio für Kinder im Garten ihres Vaters und füllte zuletzt sogar die Bühne der Münchner Kammerspiele mit ihren Kindertanzstücken. Eine Theatertruppe der katholischen Jugend Solln brachte ebenfalls mehrere Bühnenstücke in der Turnhalle der Volksschule zur Aufführung, so „Ali Baba und die vierzig Räuber", die unverwüstliche „Erste Klasse" von Ludwig Thoma, „Das Wunder des heiligen Florian" von A. Meyer-Kaufmann und gar den „Durst" von Günther Rutenborn auf die Bretter verschiedener Bühnen in München (Kolpinghaus), um München herum und sogar im Tegernseer Bräuhaus am Tegernsee. Daneben gab es auch Konzerte des Kirchenchores und es wurde Kasperltheater auf einer Freilichtbühne hinter der katholischen Pfarrkirche dargeboten, bis sich die Balken bogen. Man kann sich vermutlich eine ungefähre Vorstellung machen, welche tollen Entwicklungsmöglichkeiten sich für engagierte junge Leute in und aus dieser Situation ergaben.

Für unseren „Hans im Glück", der da mehr oder weniger überall die Finger im Spiel hatte, bot sich eine riesige Palette, sich zu einem *Comedian,* so würde man das heute wohl nennen, zu entwickeln, und diese Chance nutzte er auch, meistens volens, manchmal aber auch eher nolens. Das traf sich auch noch gut mit der Mitgift seines Sternzeichens, der „Jungfrau", denn jede Art von Sammeln war seine Leidenschaft, was sich in einer Zeit sehr bewährte, in der es schwer war, Neues zu bekommen; der Markt des Verfügbaren bestand im Wesentlichen aus Gebrauchtem, und Tausch war die beherrschende Währung. Doch jedes Ding hat mindestens zwei Seiten; seine Mutter wusste dazu beizutragen, dass Not erfinderisch macht, und als noch etwas kräftigeren Toback: „hilf Dir selbst, so hilft Dir Gott". Kurz: Selbstvertrauen war gefragt, *„Geht nicht, gibt's nicht"* die Devise.

Ich schiebe diese kurze Schilderung der Situation voraus, da mein Erinnerungsvermögen mit seinem Fassungsvermögen im Clinch liegt bei dem Versuch, die Aufbruchsstimmung, die diese Zeit zustande brachte, miteinander in Einklang zu bringen, speziell die Vielfalt dessen, was das Leben mir bot und auch zumutete, selbst noch als glaubwürdig einzuordnen. Dabei kann ich mich aber noch gut erinnern, wie meine Eltern in ihren letzten Jahren ebenfalls immer wieder an der Glaubwürdigkeit des Films zweifelten, den ein neunzigjähriges Leben ihrem Gedächtnis eingeprägt hatte. Im Hintergrund klopft dabei die Frage wie im Motiv der Fünften Sinfonie von Beethoven vernehmlich an die Tür: *Wie Bitte, und das alles soll demnächst schlagartig und endgültig ausgelöscht sein?* Das ist auch der Grund, warum ich diese Reflexionen, die genau genommen in meinem Kontext eigentlich nichts zu suchen haben, nicht unterdrücke, denn ich denke mal, dass diese Erscheinungen unter dem Signum „Alters"- erscheinen, und da sollte man schon mal davon gehört haben, dass sie einen nicht vom Stuhl werfen, wenn sie denn erscheinen.

Dass damit aber noch keine Antwort darauf gefunden ist, wer für das Mischungsverhältnis der brisanten Mixtur zwischen Glück und Unglück, um es ganz summarisch so zu bezeichnen, verantwortlich zeichnet, sei am Rande notiert. Mir fällt da nur ein Zitat von A. Einstein, das (sinngemäß) lautet: *denjenigen, der diese Welt so erdacht hätte, dass ich sie verstehe, könnte ich gar nicht als Gott anerkennen.* Noch ein Punkt, der dafür spricht, dass jeder einmal die Gelegenheit hat, im Jenseits diese Frage zu stellen – vielleicht mal so beim Feierabendbier, denn bei diesem neumodischen Bild von einem Gott soll es sich ja um einen ganz umgänglichen Typen handeln.

So, nun habe ich dieses kitzlige Thema im Rahmen meiner Möglichkeiten behandelt und bin wieder im Fahrwasser des Lebensschiffchens vom *Hans im Glück* meiner irdischen Nomenklatur gelandet.

Dabei ist jetzt aber möglicherweise aus dem Blick gerutscht, wozu diese ganze Vorrede eigentlich dienen soll. Das Stichwort ist noch gar nicht richtig gefallen, es geht dabei um eine Variante zum Stichwort *Freude,* die in meinem Leben eine recht umfängliche Bedeutung hatte und die eher als ihr Handgepäck zur Bereicherung von Festen jeder Couleur in Erscheinung tritt: der Bänkelsang oder die Moritat.

Dieses vielleicht gar nicht mehr jedem Leser vertraute Stichwort steht für eine ganze Gattung der Theatergeschichte, die zurückgeht auf das späte Mittelalter, ver-

mutlich aber schon immer eine beliebte Gestaltungs-
form der Unterhaltung bei festlichen Zusammenkünften
war, man braucht ja nur an die homerischen Epen zu
erinnern. Um es kurz zu machen: wenn sich Menschen
um einen Tisch versammelten zu festlichem Tun, dann
ging es immer um gepflegte Formen der Ernährung *des
Leibes und der Seele,* letzteres in Form von Reden,
Gesang, Tanz und Vorführungen jeglicher Art. Davon
hat sich in unseren Landen und in unserer Zeit ein
Brauchtum erhalten, das sich im Wesentlichen auf Erheiterung spezialisiert hat. Es segelt unter den ver-
schiedensten Namen daher, meist mit lokalem Kolorit,
deswegen für Orts- bzw. Landesfremde kaum verständlich, aber häufig in Anlehnung an ein Gewerbe, das als
„fahrendes Volk" für die Übermittlung von meist schau-
erlichen Ereignissen auf Märkten und Volksfesten zu
sorgen pflegte. Moritaten, Schnaderhüpfeln, Bänkelsang und dergleichen mehr fanden dort ein begieriges
Publikum. So auch in bayerischen Landen, so auch bei
Fischer-Festen und sicher nicht nur dort. Es kam dabei
nicht selten vor, dass hinterher Stimmen laut wurden,
die es bedauerten, dass man kaum dazukam, sich in
Ruhe zu unterhalten, weil ein Festbeitrag nach dem anderen kaum noch Zeit für Ruhe und Muße ließ. Na ja,
so wie man heute im Fernsehen von einer Sendung in
die nächste zappt und der Glotze die Verantwortung für
die Programmgestaltung überträgt.
Ich gestehe, dass ich einer von den Übeltätern war,
denn es gab kaum Feste, zu denen ich eingeladen oder
gar deren Ausrichter ich war, bei denen der Fischer

nichts zum Programm beizutragen gehabt hätte. Ein Gedicht, ein Song, ein Sketch oder auch ein Film war da allemal drin, das war ich mir und meinem Ruf schuldig. Das Niveau war zweifellos nicht immer oberste Winkelgruppe, wie es Freund Wilhelm Münscher zu nennen pflegte, doch waren die Geburtstagskinder, Hochzeiter, Feiernde jeder Art immer erfreut, eine Dokumentation ihres Festes „schwarz auf weiß" oder auch in Farbe nach Hause tragen zu können.

Als ein Beispiel für diese Traditionsform festlicher Erheiterung füge ich eine Dokumentation eines etwas längeren Sketches zum Thema Hutologie bei, den ich zu meinem siebzigsten Geburtstag selbst zur Aufführung brachte, ein Thema, das nun tatsächlich vollumfänglich auf meinem Mist gewachsen ist. Der Clou dabei war, dass ich meine Enkel dabei einbezog, da alle dabei einen anderen Hut von Opa aufsetzen durften.

(Warnung: googeln nach Hutologie zwecklos, da noch nicht als Neuschöpfung anerkannt!)

Hutologie

Hier geht es um Hüte, die haben es mir nun einmal angetan. Mein erster war eigentlich noch kein richtiger Hut, sondern eine Strohtüte, dafür war es meist mein einziges Bekleidungsstück beim Plantschen im Wörthsee; davon war ja schon die Rede. Mein letzter, halbwegs ernst zu nehmender, ist ein verbeulter schwarzer Zylinder, bestückt mit einer roten Wachsrose. Die dazwischen liegenden sind sozusagen Legion, jedenfalls lässt sich an ihnen ein kleines Kabarett fest-machen, das zumindest die wechselvolle Vielfalt zum Vorschein bringt und schlaglichtartig ein paar bunte Storys zu einer Art von Lebensstrauß zusammenfügt. Erfunden, gebunden und überreicht von mir selbst an mich, den Jubilar zu seinem siebzigsten Geburtstag. (Auszug)

Die Hutologie ist eine junge, noch weithin unbekannte Wissenschaft, die Hüte und andere Kopfbedeckungen unter kulturgeschichtlichen, soziologischen und psycho-logischen Gesichtspunkten untersucht. Ihr Gründer ist ein gewisser Carl Huth, Professor an der LMU, der im Jahr 1954 eine Vorlesung unter dem Titel „Menschen-beobachtung und- Beurteilung" zum Vortrag brachte. Die Bezeichnung der damit geschaffenen Disziplin der Psychologie stammt von einem jungen Studenten Na-mens Hermann-Friedrich Fischer, Studienanfänger, der selbst noch nicht recht wusste, was er studieren wollte und einfach an dem Titel der Vorlesung hängen geblie-ben war; sein Studienbuch liegt als Original-Dokument vor. Leider hat der hier beschriebene Ansatz aber nicht dazu geführt, dass er den Kandidat mit seiner Idee spä-ter zu dem Doktorhut geführt hat, der damit zweifellos verdient gewesen wäre, doch Ist zu vermuten, dass diese durchaus erwünschte Entwicklung damals in der so langsam aufkommenden Gender-Diskussion an dem Streit über die Namensgebung scheiterte, da zum da-maligen Zeitpunkt faktisch noch eine scharfe Trennung nach dem Geschlecht bestand: Hüte waren weitgehend

Bestandteil der Herren-Garderobe und wurden in Hut-Läden verkauft, Damenhüte wurden in der Regel von Modistinnen entworfen und als einer der wichtigsten Mode-Artikel auch in deren Ateliers verkauft. War im ersten Fall das Be- oder auch Verhüten der Zweck der Übung, so waren die häufig grenzwertig überladenen – und überteuerten – Kreationen der Damenhüte eindeutige Accessoires des Männerfangs.

Doch sollen hier die historisch durchaus reizvoll zu verfolgenden Details dieser jungen Disziplin vernachlässigt werden, um in dem heutigen Exkurs den Versuch zu wagen, das Leben eines Siebzigjährigen einmal aus dem Blickwinkel der Hutologie zu betrachten.

Zugegeben, die Sache mit den Hüten ist natürlich, um im Bilde zu bleiben, ein alter Hut. Heute trägt man einfach keinen Hut. Selbst wenn es in Strömen regnet oder schneit, gilt bei der Jugend von heute: nur ja kein Eingeständnis von persönlicher Betroffenheit zeigen! Man tut so als wäre nichts, und signalisiert damit: ich bin cool, Wetter, Politik und all so'n Scheiß geht mich nichts an. Wenn schon eine Kopfbedeckung, dann allenfalls als Teil des jeweiligen sportlichen Outfits – das, und nur das ist erlaubt.

Dagegen ließe sich einwenden, dass ja doch noch eine Kopfbedeckung getragen wird, die Baseball-Mütze, also ein sportliches Accessoire, aber die trägt man mit Vorliebe verkehrt herum; offenbar ist es heute wichtiger, den Nacken zu schützen als das Hirn.

In dieser zu beobachtenden Ächtung des Huts wird eindeutig der Trend zur vollständigen Beseitigung jeder

textilen Verhüllung evident. Dieser Trend setzt sich ja immer noch ungebrochen weiter fort und feiert inzwischen gerade in der Nabelschau, die schon bei den Römern im Schwange war, wahre Triumphe. Man darf gespannt sein, wie und vor allem bis wohin das wohl noch so weitergeht.
Doch will ich die Körperregion unterhalb der Gürtellinie gerne den dafür zuständigen Fachkollegen überlassen und bei den edleren Objekten meiner Disziplin bleiben, damit auch endlich zum fischerschen Teil meiner kleinen Studie übergehen.

Damit will ich die Hutologie an den Nagel hängen. Wer daran Spaß hat, kann den Fortgang der Geschichte in meinem Buch *Laurentiustränen, Seite 137 ff. nach-lesen.*

Kehren wir also zurück zu unseren inzwischen flügge gewordenen Hänschen und zu einem weiteren Beispiel aus seiner Jugend für das schon angesprochene „unverschämte Glück", weil mit ihm schon ein Grundstein für ein später folgendes Kapitel "ein Siemensmann im Himmel" gelegt werden kann.
Als das Staatsexamen sich näherte, wurde dem Kandidaten Fischer klar, dass er dafür eigentlich zu wenig getan hatte. Neben der schon erwähnten starken Beanspruchung durch sein "Neben-Programm" mag zur Entschuldigung dienen, dass die damaligen Studienanfänger gar nicht darauf vorbereitet waren, dass sie an der Universität auf einen ganz anderen Arbeitsstil trafen, als

sie ihn vom bisherigen Schulbetrieb gewohnt waren. Auch er unterlag nur zu gern der Versuchung, den "lieben Herrgott einen guten Mann sein zu lassen", wie seine Eltern oft sagten, und sich dem schönen Studentenleben mit seinen riesigen Freiheiten hinzugeben – vermutlich verwechselte er da aber das Zigeunerleben, das im Liede als "lustig" besungen wurde, mit dem Studentenleben. Jedenfalls stellte sich wenige Tage vor dem Examen heraus, dass sein Wissen erhebliche Lücken aufwies. So stieß er am Tag vor dem mündlichen Examen auf einen volkswirtschaftlichen Fachausdruck, von dem er noch nie etwas gehört hatte: die "Terms of trade". Durch einen Anruf bei einem Namensvetter und ehemaligen Klassenkameraden, der schon als Assistent tätig war, ließ er sich aufklären. Und tatsächlich fragte der Professor am nächsten Tag, was dieser Ausdruck bedeutet. Am Start waren fünf Kandidaten, vier wussten es nicht, nur er konnte sein taufrisches Wissen herunterschnurren. Die Eins war ihm sicher, ohne dass er überhaupt noch einmal daran kam.

Trotz seines guten Abschlusses bekam er dann aber auf mindestens fünfzig Bewerbungen und Inserate nur von einer Bademoden-Firma eine Einladung zur Vorstellung, die ihn allerdings nicht reizen konnte.

Hier ist nun von einem „reitenden Boten" zu berichten, wie man in der Bühnensprache überraschend auftretende Figuren nennt; je nach Geschmack kann man aber auch von einem „Deus ex machina" sprechen. Im vorliegenden Fall war diese Figur ein Zahnarzt in München, noch dazu ein recht renommierter, und er war

48

sein Onkel. Zu dessen Klientel gehörte auch ein renommierter Siemensmann, Vorstandsmitglied und Leiter der Hochfrequenzentwicklung, und den bekam sein Onkel just zu der Zeit auf seinen Behandlungs-Stuhl, zu der dieser sich bei Siemens beworben, aber noch nicht einmal eine Einladung zur Vorstellung bekommen hatte. Und offenbar hat der gute Onkel seinem Patienten neben der benötigten Goldplombe auch seinen Neffen als Goldjungen in den Mund gelegt, so dass er zwei Tage später doch eine Einladung von einer Siemens Dienststelle in München erhielt. Allerdings suchte Siemens generell und Herr Professor H.F. Mayer im Besonderen hochqualifizierte Techniker und keine akademischen Kaufleute, da diese im Haus selbst herangezüchtet wurden. Das passte also nicht ganz zusammen, aber wo ein Wille ist, da ist auch ein Weg, und Zahnweh kann ja auch als ein Mittel zur Bestechung eingesetzt werden. Im sogenannten „Referat Technischer Nachwuchs", das dem Professor unterstand, kam man nach heftigem Nachdenken auf die Idee, dass man zur Auswertung der damals kiloschweren Anzeigenteile der einschlägigen Wochenendausgaben vielleicht auch einen Kaufmann einsetzen könne. Die Frage an ihn, ob er ein guter Statistiker sei, beantwortete er geistesgegenwärtig, aber wahrheitswidrig mit „Ja" und bekam die Stelle, die es vorher noch gar nicht gegeben hatte. Das ist, nur nebenbei bemerkt, für einen findigen Jungen mit entsprechendem Ehrgeiz ein idealer Startpunkt beim Antritt einer Stelle, denn da kann er meist recht gut unter Beweis stellen, dass er sich überall nützlich machen kann.

Diese Gelegenheit kam auch sehr schnell. Die Sache an sich ist relativ banal, muss aber hier doch erwähnt werden, weil sie eine gewisse Schlüsselfunktion hat für ein Thema, das wie kaum ein anderes zur Freude gehört und in der Regel auch führt, und das wohl nicht nur bei Siemens. Schon im Wort kommt da Jubel auf, denn es geht um das in jedem Arbeitsleben so wichtige Thema „Jubiläum". Und wie es der Zufall will, sollte dieses Thema auch in seinem Siemens-Leben nicht nur vorkommen, sondern eine herausragende Rolle spielen. Davon möchte ich zunächst ein wenig erzählen.

Dabei geht es mir aber um mehr als vordergründige Belustigung, ich möchte vielmehr „rüberbringen", woran ich in meiner beruflichen Tätigkeit bei Siemens teilhaben durfte und dabei meine Freude und meine Zufriedenheit fand, und zwar gleich auf mehreren Gebieten. Im weitesten Sinn geht es um Personalführung, um Soziologie und um die Geschichte des Unternehmertums des zwanzigsten Jahrhunderts. Etwas anders formuliert könnte man auch sagen, es geht um den Versuch, durch menschenwürdige Behandlung der Mitarbeiter erfolgreiches Unternehmertum zu generieren und zu gewährleisten.

Wenn jemand den Mund so voll nimmt, sollte er dazu auch etwas zu sagen haben. Ob das zutrifft, wird sich im Lauf dieser Komödie zwar von allein herausstellen, so dass sich Jedermann ein eigenes Urteil bilden kann. Ich bitte jedoch um Nachsicht, wenn ich schon vorab auf die schier unglaubliche Gemengelage hinweise, die sich in einer Person treffen kann, wenn es dem Spielleiter darum geht, ein bestimmtes Ziel unauffällig, aber zielgenau zu erreichen. Dass ich diese Person im hier verhandelten Fall selbst bin, habe ich auch erst am Ende des Spiels entdeckt. Entsprechend groß ist mein Vergnügen, es einer geneigten Leserschaft präsentieren zu dürfen.

Zum Verständnis dieses besonderen Amalgams an dem banalen Thema Jubiläum ist es erforderlich, dass wenigstens kurz die Laufbahn dessen referiert wird, dem da die Handlungsführung anzulasten ist, eben dem besagten Hans im Glück.

So sehen wir ihn zum Start seines beruflichen Werdegangs bereits im sogenannten "Götterbau" am Wittelsbacher Platz in München, einem Anbau an das Prinz-Carl-Palais, antreten. Von dem von ihm befürchteten Dasein als kleines Rädchen in den Hallen eines riesigen Fertigungsbetriebes ist da freilich nichts zu sehen, eher könnte es ein kleiner Familienbetrieb sein, jeweils mit dreiachsigen Dienstzimmern, davon ein Chefzimmer, ein Zimmer für zwei Mitarbeiter und ein gemeinsames Sekretariat mit zwei Schreibdamen. Die Atmosphäre ist durchaus etwas frostig, denn in dem Mitarbeiter-Zimmer, das bis dahin nur von einem Herrn besetzt war, stehen nun zwei Schreibtische und auch die zweite Schreibkraft müssen sich die Herren teilen. Dass der Herr Oberingenieur darüber nicht sehr begeistert ist, ist an seinem Gesicht zu sehen, aber er macht gute Miene zum bösen Spiel. Erstens hat er sein Siemens-Leben schon weitgehend abgeleistet und zweitens steht in Bälde sein Dienstjubiläum an, danach wird er dann bald in den *wohlverdienten Ruhestand* treten. Dass da noch ein junger Kollege hereinschneit und ihm die Hälfte des Zimmers und die Hälfte der hübschen, jungen Schreibdame streitig macht, dürfte seinem relativ beschaulichen Dasein und erst recht seiner Karriere nicht mehr viel anhaben. Der Name ist eigentlich nicht sehr erwähnenswert, wird uns aber zum Ende der Geschichte noch einmal begegnen; er hieß Dr. Jobst Gössinger, ein Name, der für einen Bayern ein wenig seltsam klingt und jedenfalls ziemlich einmalig erscheint.

Dieser Herr Dr. Gössinger würde also noch sein Jubiläum feiern und dann vermutlich ein für alle Mal aus dem Leben des jungen Kollegen verschwinden. So stellte er sich also ganz harmlos und unbedarft der Aufgabe, für seinen Kollegen dessen Dienst-Jubiläum auszurichten. Und er begann zu staunen, denn es war das erste derartige Fest, das er bei Siemens erlebte, in dem er dem breit ausgetretenen Weg tausender anderer Jubilare folgte. Um es kurz zu machen: sein Jubiläum ist für jeden Siemensmann der Höhepunkt seines beruflichen Lebens und dürfte in den allermeisten Fällen in einer Werteskala noch vor allen anderen Anlässen, die zu feiern sein Dasein zu bieten hat, an erster Stelle rangieren. Von diesem Statement sind zwar Abstriche zu machen bei Mitarbeitern minderer Qualifikation, Lohnempfängern und „Erfolglosen", die dann natürlich wenig Anlass haben, ihre „Nicht-Karriere" zu feiern: Solche kamen aber in meinem Umfeld am Wittelsbacher Platz so gut wie nicht vor; wer es bis dorthin geschafft hatte, durfte ohne Zögern als „gemachter Mann" angesehen werden, denn den Aufstieg in den mittleren oder gar oberen Führungskreis hatte er dann in der Regel hinter sich. Daran hat sich vermutlich auch in den letzten fünfzig Jahren nicht sehr viel geändert, was einfach daran liegt, dass dort die Spitze des Unternehmens residiert. Ich selbst bin da allerdings in meinem Urteil befangen, da ich das Glück hatte, nie die zweifellos rauere Luft in den Niederungen der Fabrikhallen kleiner Standorte am eigenen Leib erlebt zu haben. Jubiläen wurden aber selbstverständlich auch dort zelebriert, wenn auch mit erheblich geringerer Opulenz als am Standort der Unternehmensleitung.

Ich darf aber feststellen, dass diese Opulenz dem Willen des Gründers, Werner von Siemens, entsprach. Ihm lag das Wohl seiner Mitarbeiter sehr am Herzen: auch wenn manches davon heute überholt ist, galt er in seiner Zeit als vorbildlich auch in Fragen der Personal- und Sozialpolitik, was an vielen Beispielen gezeigt werden kann und auch unbestritten ist. Ich will den Beweis hier nicht erneut führen, das hat die Geschichte längst getan. Jedenfalls gehört das Thema „Jubilarfeier" zu einem imposanten, bunten Strauß an Segnungen und Vergünstigungen für die Belegschaft, die es bei anderen Firmen nicht oder erst viel später gab. Ein Siemensianer war umworben, sollte seine Arbeitskraft möglichst ein Leben lang zur Verfügung stellen und den früher viel beschworenen „Siemens-Geist" leben sowie nach Möglichkeit an die nächsten Generationen „vererben". Dabei waren es mit Sicherheit auch wirtschaftliche Aspekte, die bei dieser Politik eine Rolle spielten, das will ich gar nicht in Abrede stellen. Es ist mir aber wichtig, wenigstens hier anklingen zu lassen, dass „der Geist" in den Jahren des Wiederaufbaus bei Siemens ein völlig anderer war als zum Ausgang des 20sten Jahrhunderts, wo der Unternehmungserfolg einen ganz anderen Stellenwert bekam. Vom heute in den USA offensichtlich recht beliebten „hire and fire", oder auch vom Shareholder-Prinzip war im Hause Siemens noch nicht viel die Rede, auch das Einkommenssystem war längst nicht so stark differenziert; zwar bekamen alle Mitarbeiter eine vom Geschäftsergebnis abhängige Erfolgsbeteiligung, lange auch mit einer Unternehmensbeteiligung in Form von Aktienbesitz gekoppelt. Die ausufernden Boni-Systeme, wie sie heute in den Führungsebenen der Unternehmen üblich sind, waren bei Siemens jahrzehntelang tabu und politisch verpönt. Ich weiß nicht, ob die Kämpfe im Vorstand, die zwischen den Zentralabteilungen Finanzen und Personal jahrelang ausgefochten worden sind, je öffentlich gemacht wurden, vermutlich nur in Privatdokumenten und wie eben auch in meinem Bericht nur in Andeutungen. Ich stehe aber zu meiner Meinung, dass sich erst später die amerikanische Sichtweise und Politik der Unternehmensführung verderblich auf die vergleichsweise „anständige" deutsche Wertsetzung ausgewirkt hat und die Welt erst zu der tiefen Spaltung geführt hat, an der sie nun zu zerbrechen droht.

Nun veranlasst mich meine eingegangene Verpflichtung zur Darbietung vornehmlich erfreulicher Themen im Hinblick auf das gegenwärtige Corona-Chaos, der Versuchung zu widerstehen, auf den großen Kulturkampf zwischen dem „astreinen" Humanismus, der meine Herkunft beherrschte und dem sich immer mehr breit machenden Materialismus/Kapitalismus einzugehen. Gerade angesichts des gegenwärtigen letzten Akts dieser Tragödie, die im höchst widerwärtigen „Trumpismus" in den USA gipfelt, fällt mir dies sehr schwer, ist es doch ein Vorgang, für den ich nur das Wort „Höllensturz" als einigermaßen adäquat empfinde. Um nur wenigstens etwas zu tun, habe ich ein Essay *„Empörung im Morgengrauen"* geschrieben und ins Netz gestellt, doch will ich es damit hier sein Bewenden haben lassen und den Faden meiner *Geschichte vom Jubeln* als Rahmenhandlung wieder aufnehmen.

Bei Siemens ging der Weg für den „Hans im Glück" steil bergauf, was so eigentlich nicht zu erwarten war, da keinerlei „Vitamin B" im Spiel war. Das Glück versteckte sich zunächst in der Gestalt eines Assistenten-Postens im sogenannten *Generalsekretariat der beiden Firmenleitungen von Siemens & Halske und Siemens & Schuckert,* den er mehr oder minder durch eigene „Umtriebigkeit" bekam; damit auch Sitz im „Götterbau", die Betreuung einer zwölfköpfigen Damenriege (vorwiegend Vorstandssekretärinnen), ein eigenes großes Büro direkt gegenüber der Residenz des Aufsichtsratschefs Dr. Ernst v. Siemens und dazu ein vielfältiges und ausgesprochen buntes Arbeitsgebiet, das aber hier nicht weiter ausgebreitet werden soll, um die Götter nicht neidisch zu machen. Festzustellen ist aber jedenfalls, dass dieser "schöne Job" dem entsprach, was der Prinz von Arkadien sich selbst nicht einmal im Traum hätte ausmalen können. Er fühlte sich wie ein kleiner König, denn er war sozusagen weitgehend autonom. Seine Absicht war es seit seinem Eintritt, entweder im Personalbereich oder im Organisationsbereich, wo er seine Interessen und auch Stärken sah, seinen Weg zu machen, wozu sich anschließend nach vierjähriger Assistententätigkeit auch ein guter Einstieg bot.

Dazu gehörte u.a. auch in der Leitung der Hauptabteilung Personalpolitik einige Jahre später die Zuständigkeit für das Arbeitsgebiet „Siemens-Jubiläum", also um die Gestaltung sowohl der individuellen Feiern zum jeweiligen 25. und 40. Arbeitsjubiläum als auch für die jährlich einmal im Jahr stattfindenden Jubilarfeiern jedes Bereichs. Bei der Festlegung entsprechender Richtlinien ging es also um ein politisches Thema auf der Basis eines Menschenbildes nach den Vorstellungen des Firmengründers.

Hierzu sind nun ein paar Erläuterungen zu machen, die mir zum Verständnis der damaligen Wirtschaftssituation in Deutschland nach dem Ende des zweiten Weltkriegs unumgänglich zu sein scheinen. Trotzdem will ich, soweit möglich, mein persönliches Erleben als Ausgangsmaterial einbringen; schließlich gibt die seltsame Verknüpfung vieler Umstände in meiner Person doch auch einen faszinierenden Einblick in die Arbeitsweise

eines *überirdischen Designs*, das ich als Hypothese einfach mal in den Raum stellen möchte. Übrigens gestehe
ich, dass ich die Zusammenhänge, seien sie nun ein-
gebildet oder real, auch erst bei nachträglicher Betrachtung meiner Vita entdeckt und zusammengefügt habe.

DER SOZIAL-KLIMBIM

Der für mich erkennbare Ausgangspunkt der Geschichte findet sich bereits in der Generation vor mir, also bei
meinen Eltern. Diese stammen beide aus schwäbischen
Landen, wo, wie ich aus eigenem Erleben bezeugen
kann, das Lachen zu Hause ist. Vor allem meine Mutter
beherrschte diese Disziplin meisterhaft, wobei dieses
Wort eine falsche Interpretation nahelegt; zielführender
ist da schon das Wort „hemmungslos", womit angedeu-
tet ist, dass es vorzugsweise auch ein Lachen auf Kos-
ten anderer einschließt. Zum besseren Verständnis will
ich dazu ein Beispiel anführen:
Mein Vater war in beiden Weltkriegen Soldat, genauer
Offizier. Diesen „Gockeln in Uniform", wie meine Mutter
sie bezeichnete, war es verboten, niedere Hilfsdienste
wie Koffertragen oder Kinderwagenschieben zu übernehmen, wenn sie in Uniform, d.h. im Dienst waren.
Das führte zu einem Verhängnis, das meinen Vater
schlecht aussehen ließ. Es muss auf einem Bahnhof
gewesen sein, und es war Winter, die Bahnsteige also
vereist. Beim Aussteigen übertrat mein gutmütiger Vater
ausnahmsweise seine Dienstorder und half seiner Frau
aus dem Zug. Dabei spielte auch eine große Hut-

schachtel eine Rolle, wie sie damals von Damen „von Stand" für ihre diversen Kopfbedeckungen auf Reisen benutzt wurden. Da eine meiner Tanten in Wien einen Modisten-Laden hatte und ihren Ehrgeiz befriedigen wollte, ihre Verwandtschaft mit „Wiener Fesch" zu versorgen, war auch meine Mutter entsprechend versorgt. Ich sehe sie noch heute vor mir, wie sie noch mit ihrem Sonntagshut, einer gewagten Kopfbedeckung nach dem obligaten Kirchgang am Herd stand, um schon mal den Braten in die Röhre zu schieben. Auch am Bahnsteig ging es im weiteren Sinn um eines der drei „K's", nämlich das Kochen, das ja den Frauen weitgehend vorbehalten war. So waren in der Hutschachtel auch nicht die zu erwartenden Hüte, sondern rohe Eier, die die Großeltern aus dem heimatlichen Stall den Kindern mitgegeben hatten, in den harten Kriegsjahren ein hochwillkommenes Geschenk.

„Doch das Unglück schreitet schnell", wie schon Wilhelm Busch wusste, mein Vater wollte die Schachtel in Empfang nehmen, doch glitt er dabei auf einer Eisplatte aus; damit nicht genug, er schob wohl bei dem Sturz die Schachtel auch noch instinktiv zu dessen Abmilderung unter sich. Ergebnis: der Gockel in Uniform saß im Eierkorb und der Eier Brei bekleckerte offen sichtbar die Rückseite seines Uniformrocks. Während er versuchte, möglichst ungesehen die Szene zu verlassen, stand seine Frau daneben und konnte sich vor Lachen kaum halten.

Die Szene ist meines Wissens bis jetzt noch nicht schriftlich dokumentiert, wurde aber mit viel Vergnügen bei jedem Treffen der Familie wieder neu aufgetischt, und die Tränen flossen, Lachtränen natürlich. Und am Ende eines solchen Treffens sagten sie dann alle mit geröteten aber glücklichen Gesichtern: jetzt habe man sich wieder einmal so richtig „her gelacht"….

Von meinem Vater ist zu berichten, dass er nach dieser unglückseligen Szene – wenn auch nicht ihretwegen – nach dem Ende des ersten Weltkriegs den Soldaten-rock an den Nagel gehängt hat, in einen kaufmänni-schen Beruf gewechselt ist und, wie der Leser schon weiß, zuletzt Leiter des Münchner Verkaufshauses der Robert Bosch GmbH geworden ist. Das hatte wiederum zur Folge, dass sein Sprössling schon sehr früh in sein späteres Berufsleben hineinschlitterte, denn als Sohn des Chefs, der in manchen Augen selbst ein kleiner König war, genoss der Filius sozusagen Prinzenstatus. Aus diesem Kapitel sollen zur Erheiterung nun ein paar Beispiele der amüsanten Art das Leben in den ersten Nachkriegsjahren aus der Sicht eines Heranwachsen-den beleuchten.

Die Antonius Beule.

Das Ende des Krieges war für mich so etwas wie das Öffnen einer riesigen Eiterbeule, und das darf tatsäch-lich wörtlich so verstanden werden; die Beule ging spä-ter mehrfach als wunderbare Abstrusität in mein erzäh-lerisches Werk ein, ich möchte sie hier aber noch ein-mal als eine der schlagendsten Beweise für des Himmels Hilfe anführen – der Superlativ steht so sicher nicht im Duden, ist aber nahezu unverzichtbar, wenn es um Beispiele für den Begriff „Fügung", ja gar für „Wunder" geht. Wir haben sie die „Antonius Beule" genannt, und ich gebe sie so wieder, wie ich sie aufgezeichnet habe.

Als das Kriegsende näher rückte, beschwor meine Mutter als eifrige Beterin – in diesem Fall mit meiner ungestümen Mitwirkung – Gott und seine Heiligen, unter diesen an erster Stelle den heiligen Antonius, der für die Rückgewinnung von „Abhandengekommenem" zuständig ist, dafür zu sorgen, dass Papa wohlbehalten aus dem Krieg zurückkäme. Unsere Gebete müssen die himmlischen Mächte doch beeindruckt haben, denn es ereignete sich ein Wunder: das Wunder der „Antonius-Beule", wie ich es nennen möchte.

Die Antoniusbeule

Eines Nachts, es war an Führers Geburtstag, also am 20. April, fuhr ein Motorrad mit Beiwagen der Wehrmacht in die Einfahrt unseres Hauses und ein Gefreiter führte den humpelnden Vater ins Haus. Herr Hauptmann Fischer hatte in der Kniekehle einen riesigen Furunkel bekommen, der ihn nicht nur am Laufen hinderte, sondern auch das Anziehen eines Stiefels unmöglich machte – und was wäre ein deutscher Hauptmann ohne seine blankpolierten schwarzen Langschaftstiefel!? Er war also vom Arzt krank bzw. kampfunfähig geschrieben, und da die Lazarette durch verwundete Soldaten überfüllt waren, verordnete sich mein Vater zur Auskurieren „Heimaturlaub". Einmal in der Obhut seiner resoluten Frau kam eine Rückkehr zum Dienst, noch dazu kurz vor dem absehbaren Kriegsende, unter keinen Umständen in Frage, auch wenn die Antonius-Beule so langsam wieder heilte. Und so weit ich weiß, hat auch niemand mehr in den letzten chaotischen Tagen nach ihm gefahndet. So ist also mein Vater mit Hilfe des heiligen Antonius – zumindest nach der Überzeugung meiner Mutter – in Hausschuhen und ohne offizielle Entlassung aus dem Krieg zurück gekehrt.

Die Geschichte hatte aber noch ein Nachspiel: Einige Tage nach dem Einmarsch in München begehrten ein paar amerikanische Soldaten sehr martialisch Einlass und stürmten das Haus vom Keller bis in den Speicher, vermutlich auf der Suche nach versteckten deutschen Soldaten. Mein Vater mimte den harmlosen Zivilisten; er hatte sich inzwischen selbst entwaffnet, indem er den Uniformrock samt Degen an den Nagel gehängt hat. Dummerweise hing beides dann aber noch an diesem Nagel, richtiger an einem Garderobehaken. Außerdem wurden im Haus noch ein Stahlhelm und ein HJ-Messer gefunden. Die Lage war ernst. Die Amis wollten meinen Vater schon gefangen nehmen, als die Mutter geistesgegenwärtig die Corpus delicti dem Anführer des Trupps aufdrängte und mit den Worten „Souvenir, Souvenir!" einen klassischen Bestechungsversuch unternahm. Und das Unglaubliche geschah: die Habsucht siegte wieder einmal über Gesetz und Disziplin und die Amis zogen mit ihrer Beute, aber ohne meinen Vater, wieder ab. Die zur rechten Zeit erschienene „Antonius-Beule" plagte meinen Vater noch eine Zeit lang, wurde aber untern Strich als echtes Gottesgeschenk gepriesen.

Der reiche Fischfang.

Da ist noch ein anderes Ereignis aus den letzten Kriegsjahren, das ich in die Kategorie der Wunder einreihen würde, wenn ich die Aufgabe hätte, eine moderne Bibel zusammen zu zimmern. Für hungrige Mäuler, wie sie zu der Zeit vor allem bei Kindern gang und gäbe waren, allemal ein unvergessliches Erlebnis.

Es dürfte im Sommer des Jahres 1944 gewesen sein, in dem die feindlichen Bombergeschwader häufig auf ihrem Anflug nach München am helllichten Tag von Westen kommend über den Wörthsee hinweg flogen. Wir standen dann meist, vom Kuckucksruf im Radio gewarnt, auf unserer Terrasse und sahen mit bangem Herzen der gigantischen Flugschau zu: 80, 100 und mehr der in der Sonne hell glänzenden viermotorigen Bomber zogen in wohlgeordneter Formation hoch über unsere Köpfe hinweg, meist ungestört von unserer deutschen Luftwaffe. Erst ca. 15 km hinter Steinebach war bei dem kleinen Flugplatz Oberpfaffenhofen eine

Flak postiert, die ihre kleinen weißen Wölkchen zwischen die Bomber setzte, aber nie traf und den Aufmarsch der Geschwader nicht zu beeindrucken schien.

Doch plötzlich mischte sich in das gleichmäßige Dröhnen der Motoren ein hoher Pfeifton, der schnell lauter und durchdringender wurde. Nach wenigen Augenblicken ging das Pfeifen in ein durch Mark und Bein gehendes Jaulen über. Meine Mutter packte mich, oder auch ich sie, so genau weiß ich das nicht mehr, wir rannten gemeinsam ins Häuschen und warfen uns instinktiv im Schutz einer kleinen Kommode auf den Boden. Dann krachte es auch schon zwei oder drei Mal ganz fürchterlich; danach war es ganz still, beklemmend still.

Als wir uns wieder auf den Balkon wagten, war weit und breit nichts zu sehen und zu hören. Die Bomber waren längst in Richtung München verschwunden und auch die Flak hatte ihr Abwehrfeuer eingestellt. Der See glänzte ruhig und friedlich in der Mittagssonne. Wir suchten ihn nach allen Richtungen mit den Augen ab, denn wir vermuteten, dass die Bomben irgendwo in den See eingeschlagen sein mussten. Tatsächlich rollten nach kurzer Zeit einige Wellen an den Strand und bestätigten damit unsere Vermutung. Sonst war nichts Auffälliges zu beobachten, und mit einem wunderbaren Ereignis rechneten wir am allerwenigsten; wir waren froh und dankbar, dass wir mit dem Schreck davongekommen waren.

Wenig später veränderte der See sein Gesicht. Er glänzte jetzt nicht mehr nur in der Sonne, er glänzte eindeutig silbern, und zwar genau gegenüber unserem Haus in Richtung Insel.

„Das müssen tote Fische sein!" rief meine Mutter, und schon zog sie mich mit schnellen Schritten zum Bootshaus hinunter. Rasch hatte ich begriffen, was zu tun war: Das Boot klarmachen, noch eben einen Eimer und einen Kescher hineinwerfen und dann so schnell wie möglich zum Silbersegen bei der Insel rudern.

Im Rudern waren wir ein gutes Team und hatten ein gutes Boot mit vier Rudern, und so waren wir die ersten auf dem riesigen Selbstbedienungs-Fischmarkt; aber auch andere hatten den Vorgang offenbar bemerkt, denn es näherten sich von allen Seiten Boote, doch bis sie eintrafen, hatten wir unseren Kahn schon ganz schön gefüllt. Mit unserer professionellen Ausrüstung war das auch kein Wunder, denn wer ohne Kescher einen glitschigen Fisch aus dem Wasser ziehen muss, hat da schon so seine liebe Not damit. Es waren überwiegend Renken, die sonst mit der Angel gar nicht zu bekommen sind, aber auch alle anderen Arten, einschließlich großer Raubfische, Hechte und Zander.

Plötzlich signalisierte ein leises Brummen, dass sich ein Motorboot näherte. Und da es nur ein Motorboot am See gab, wusste jeder, dass das nur der Fischer Dellinger sein konnte, der das Fischrecht am See hatte und in Walchstatt wohnte, also fast genau gegenüber von uns.

Dementsprechend preschte er auch von der anderen Seite an das Getümmel heran und verlangte die schon erbeuteten Fische zurück, die ja sein Eigentum waren.

Wieder schaltete meine Mutter schnell und mit Maximalgeschwindigkeit ruderten wir in unser Bootshaus zurück, warfen dort die größten Fische aus dem Kahn, kippten dazu den Eimer mit Renken halb aus und begaben uns dann langsam wieder hinaus zum inzwischen weitgehend abgeräumten Silbersee.

Als der Fischer dann zu uns kam und unsere (Rest-) Beute sah, wollte er die paar Renken, die noch im Eimer waren, gar nicht haben und sagte generös: Does Kloazeig kennts b'halten!" Vermutlich sah er den triumphierenden Blick meiner Mutter nicht, als er daraufhin abdrehte und wir gemächlich nachhause ruderten.

Bei Einbruch der Dunkelheit sind wir dann noch ein bisschen herumgerudert und haben nicht weit von unserem Haus entfernt noch ein paar kapitale Burschen gefunden und ins Boot gehievt. „Fisch-satt" hieß dann die Losung in den nächsten Tagen, ja Wochen; es gab Fisch in jeder erdenklichen Form, und das nicht nur bei uns, sondern auch bei unseren Freunden; hungrige Mäuler zu finden war ja damals weiß Gott nicht schwer.

Natürlich wusste meine Mutter, dass wir Mundraub begangen hatten, aber konnte, durfte man ein Geschenk des Himmels so einfach abweisen? Es sah mir jedenfalls bei späteren Erzählungen dieses Erlebnisses nicht danach aus, als ob sie unter allzu großen Gewissensbissen litte. Wenn man sie vorsichtig drauf ansprach, meinte sie fast schon entrüstet, wir würden dem Fischer schon seit vielen Jahren für unsere Fischkarte ohnehin so viel Geld zahlen, dafür aber nur ein paar kleine Schwänzchen herausholen, da wäre eine anständige Beute jetzt endlich mal ein gewisser Ausgleich.

Das Kriegsende.

Nun endlich, Ende April des Jahres 1945 endete der unselige Krieg in München mit dem Einmarsch der amerikanischen Truppen, und er vollzog sich als ein Fest der Befreiung in den Gefühlen des größten Teils der Bevölkerung, zweifellos eines der bedeutendsten Ereignisse auch in meinem Leben – darüber hinaus völlig unerwartet der Beginn eines neuen Lebens, im Nachhinein gesehen eines nicht nur abenteuerlichen, sondern auch fröhlichen Abschnitts für uns Kinder. Nachzulesen in meinem Buch „Glück und Glas".
Hieraus greife ich hier nur einige der Nebenlinien heraus, die zum Thema „Wiederaufbau" gehören und unter dem Titel „Wirtschaftswunder" ihren Platz in der Geschichte gefunden haben, auch das aus der Wahrnehmung eines Kindes bzw. Heranwachsenden geschrieben.
Der so wunderbar aus dem Krieg heimgekehrte Vater war nach kurzer Zeit und der Rückbildung der Antonius Beule wieder verschwunden, ich sah ihn wochenlang, was sage ich: jahrelang so gut wie nicht, denn er hatte

alle Hände voll mit dem Wiederaufbau seiner Firma zu tun. Es darf vermutet werden, dass dieser Umstand mit dazu beigetragen hat, dass die damals allgemein hoch gehandelte Ödipus-Thematik im Hause Fischer nie irgendeine Bedeutung erlangte.

Da anfangs der Verkehr noch lahm gelegt war, hatte der Vater arbeitstäglich morgens und abends vom Vorort Solln, wo die Familie nach wie vor ein schönes, wenn auch mit „Ausgebombten" vollgestopftes Haus bewohnte, einen unfreiwilligen Fußmarsch zu bewältigen, wozu er von seiner Frau lediglich eine Handvoll Maroni als Marschverpflegung mit bekam. Der im Zentrum von München gelegene Betrieb war zu großen Teilen von amerikanischen Bombern in Schutt und Asche gelegt worden und musste erst wieder aus den Trümmern in Arbeitsplätze verwandelt werden. Da zunächst Werkstätten für die Reparatur der alten Autos benötigt wurden, gelang es relativ schnell, dafür notdürftig wieder ein paar Hallen hinzustellen. Das erste Auto, mit dem der Vater eines Tages nach Hause kam, brauchte wie eine Lokomotive einen Heizer, denn es war ein Holzvergaser. Von der ehemaligen Belegschaft fanden sich doch auch noch Rückkehrer aus dem Feld, aber meist in trostlosem Gesundheits- Zustand, so dass als erstes eine einfache Feldküchen-Ernährung geschaffen werden musste, die Grundlage für ein System, das in den folgenden Jahren immer anspruchsvoller werden sollte, mit einer Art Rundum-Versorgung für alle Lebensbereiche, in denen Stadt oder Staat wie auch die Privatwirtschaft als Anbieter ausgefallen waren. Da ging es in der Reihenfolge der Bedürfnisskala, die ein gewisser Herr Maslow erfunden hatte, um deren Befriedigung. Der Filius konnte während seines Studiums dabei selbst mit Hand anlegen, so etwa eine Werksbibliothek aufbauen oder Betriebsausflüge oder -Feste organisieren. Doch erst einmal will der Mensch satt sein, bevor sich ein Bedarf für eine betriebsärztliche Dienststelle, später sogar für Betriebspsychologen, Sozialberater, für Kindergarten oder gar für Kreislaufträningskuren ergab. Das alles stand auf der Wunschliste der Belegschaften und deren Vertreter, der Betriebsräte, und wurde in Großbetrieben in Lauf der Jahre im Rahmen der betrieblichen Personal- und Sozialpolitik auch weitgehend realisiert. Allerdings entwickelte sich auch schon bald eine Gegenbewegung, die das alles mehr oder weniger für nicht nötig oder zumindest nicht für eine betriebsrelevante Aufgabe ansah und die ganze Richtung als „Sozial-Klimbim" verteufelte.

Dazu kann ich mir eine sehr persönliche Anmerkung nicht verkneifen, die aber noch einmal deutlich machen soll, wie die Fäden gesponnen sind, die im Vor- und Umfeld von den schon erwähnten Puppenspielern gezogen worden sind, um meiner beruflichen Karriere eine solide Basis zu verschaffen. Dabei kann ich nicht verhehlen, dass das später bei Siemens auch mit meiner Mitwirkung errichtete Gebäude der Personalentwicklung das gleiche Ziel nicht annähernd so zielsicher erreicht hat.

Im Nachhinein ist der erreichte Erfolg meist leicht als Ergebnis einer maßgeschneiderten Planung zu verkaufen; darin habe ich einige Erfahrung. Dass allerdings eine solche Planung als ein lebenslanger Akt einer zunächst gar nicht in Erscheinung tretenden Instanz am Werk zu sein scheint, ist doch einigermaßen verblüffend. Ich will nun daraus kein Dogma machen, aber es doch wenigstens als *vertrauensbildende Maßnahme für weitsichtige Planung* in dieser vermuteten Instanz hervorheben.

Da war, wie schon erwähnt, meine vorberufliche Übungsphase bei Bosch, da war der nicht so ganz einfache Prozess der Wahl meines Studienfachs, da war mein angeborenes Interesse für Grenzgebiete aller Art, da waren die nachweisbaren Studienarbeiten auf einschlägigen Gebieten der Betriebswirtschaft, da war die Investition eines weiteren Studienjahres nach dem Staatsexamen zur Erlangung des Doktortitels, den ich mit einer Arbeit genau über das Thema „Sozial-Klimbim" anstrebte. Das alles schrie nach einer Tätigkeit in der personalpolitischen Grundsatzabteilung eines Großunternehmens.

Das eigentlich Wichtige ist die Frage nach dem Menschenbild, die ja der Dreh- und Angelpunkt der daraus resultierenden Politik ist. Und in diesem Punkt sind genau die Gründer der oben genannten Unternehmen die Repräsentanten für ein humanistisch geprägtes Unternehmertum, die mit hohem Verantwortungsbewusstsein gegenüber den Menschen wirkten, die ein gutes Teil ihrer Person in ihr Unternehmen eingebracht haben, und zwar damals in vielen Fällen für ein ganzes Arbeitsleben. Begriffe wie Vater Bosch oder Haus Siemens sind nicht aus dem Nichts entstanden, sondern finden ihre Bestätigung auch in den hinterlassenen Schriften und Dokumenten ihres Schaffens.

Doch kommen wir zurück zur Komödie des realen Lebens und der Suche nach Vergnüglichem.

Da kommt mir ein Schwank von Kare, dem Fahrer meines Vaters in den Sinn, der da zumindest Anlass zum Schmunzeln gibt, dazu auch noch ein amüsantes Beispiel liefert, wie man elegant aus einer kitzligen Situation herausfinden kann.

In den ersten beiden Jahren nach der Kapitulation ging es mit der Versorgung der Menschen in Deutschland noch weiter bergab, das Hamstern wurde zum Volkssport Nummer eins, der Schwarzmarkthandel trieb üppige Blüten, an jedem neuen Tag war der Kampf gegen den Hunger neu zu bestehen. Und da kam ganz überraschend der pfiffige Schwabe Robert Bosch in Bayern zu hohen Ehren. Dort hatte er in einem Gebiet im Alpenvorland, in dem angeblich kein Getreide gedieh, schon vor dem Krieg ein Mustergut nach schwäbischem Vorbild gebaut, um es *„den Bayern einmal vorzumachen, wo der Bartl den Most holt.“* In der Nähe von Bad Tölz entstand mit hohem Aufwand sein Boschhof, in dem es alles gab, wonach der Magen der Städter lechzte. Es gab aber ein Verbot, Lebensmittel zu schmuggeln, in diesem Fall also vom Boschhof nach München zu der Kantine des Bosch-Verkaufshauses zu bringen.

Und die Einhaltung dieses Verbots wurde durch Verkehrskontrollen an den Einfallstraßen nach München auch streng überwacht. Nun, Kare kannte seine Stadt wie seine Hosentaschen, welche allem Anschein nach jahrein, jahraus dieselben bayerischen Lederhosen waren, denn Kare war ein waschechter Münchner, vielleicht mit kleinem südtiroler Einschlag, wobei „waschecht" in diesem Fall nichts mit Hygiene-Vorschriften zu tun hat. Das Auffallendste an ihm war neben seiner imponierenden Figur ein breites, nie ganz verschwindendes Grinsen, das ein Spektrum von Ohr zu Ohr zu bieten hatte. Ich will damit sagen, dass er aus dem Stand ohne große Maskenbildnerei etwa den Schauspieler und Bergkönig Luis Trenker hätte doubeln können.

Diese etwas aus dem Rahmen fallende Personenbeschreibung von Kare hat ihren Grund, denn sie soll der ohnehin fast unglaublichen Geschichte ein bisschen mehr Glaubwürdigkeit verleihen.

Kare also war wieder mit einem Lastwagen vom Boschhof nach München unterwegs, doch diesmal schnappte ihn eine Kontrolle, die wissen wollte, was er geladen habe. Kare antwortete, wozu er sein breitestes Grinsen einschaltete:

„500 Oar, zwoa Zentner Butter und drei Säu, brauchst ja bloß auffi schaugn!" Darauf der Polizist: „Du wuist mi woi dablecka, Hund verreckta, hau ab!", was sich Kare nicht zweimal sagen ließ.

Man sieht, dass die der Wahrheit entsprechende Aufzählung der begehrten Güter so unvorstellbar war, dass sie absolut unglaubwürdig erschien.

Zum Thema Hunger passt noch eine andere Geschichte, die das Attribut unterhaltsam, ja sogar lustig, verdient.

Todesröcheln in der Waschküche

Es gab einmal eine Zeit, in der war eine Waschmaschine noch etwas völlig Unbekanntes; an deren Stelle hatte jedes ordentliche Haus eine Waschküche. Sie lag in der Regel im Keller und diente, wie der Name schon sagt, zum Kochen der Wäsche. Ja, es war richtiges Kochen, nicht nur 40 oder 60 Grad.

Am Waschtag verschwand meine Mutter in einer dunkellachsroten Gummischürze morgens darin, und bald waberten dicke Dampfschwaden durch den Keller, dass man so gut wie nichts mehr sehen konnte. Vielleicht erscholl einmal ein Ruf wie „Ich brauche noch Feuerholz/Kohlen!", dann sah ich sie kurz aus den Wolken auftauchen, die zunächst ordentlich unter einem karierten Kopftuch verborgenen Haare hingen ihr dann wild in die Stirn und ihr Atem ging heftig wie eben bei körperlicher Anstrengung. In dem Bottich brodelte es, heißer Dampf schlug mir entgegen und ich wunderte mich, wie man das aushalten konnte. Zu den wichtigen Utensilien in der Waschküche gehörte auch ein Waschbrett, wie es wohl auch in New Orleans von den Jazzern verwendet wurde und ein Riesen-Kochlöffel, den man gut und gern im dreißigjährigen Krieg unter die gefährlichen

Waffen gezählt hätte. Für mich war das Ganze ein Ort, wo man sich möglichst schnell entfernte.

So gegen Abend des Waschtags, wenn sich die heißen Dämpfe so einigermaßen verzogen hatten, erfüllte die Waschküche aber noch eine andere wichtige Funktion: der Familien-Badetag stand an. Dazu wurde die in der Waschküche stehende große Zink-Badewanne verwendet, in der zuvor die Wäsche gespült worden und das Wasser noch stark seifenhaltig war. Durch Zugabe heißen Wassers aus dem Bottich mittels eines hölzernen Scheffels wurde eine badegerechte Temperatur hergestellt oder das, was meine immer noch mit Gummischürze bewaffnete Mutter dafür hielt; Empfindlichkeiten in diesem Feld haben sie ohnehin nicht besonders beeindruckt. Nach meiner Erinnerung lag über der ganzen Szene eine aufgeheizte, kämpferische Atmosphäre, die wenig Raum für wirkliche Entspannung bot – Entlein oder Schifferl jedenfalls gehörten nicht zum Badevergnügen. Am Rande sei erwähnt, dass ich zwar nicht eine Badehose anziehen musste, dass ich aber doch während des Badens, dem Beispiel meines Vaters folgend, für eine züchtige Bedeckung meiner durchaus noch unbedeutenden Blöße mittels eines Waschlappens zu sorgen hatte.

Die Waschküche hatte natürlich auch einen Gully, durch den die Wasserfluten abfließen konnten. Dieser Umstand prädestinierte sie auch noch für eine andere Verwendung, auf die ich gleich zu sprechen komme.

Zunächst muss ich den Erzählfaden aber an einer ganz anderen Stelle aufnehmen, nämlich bei dem schon mehrfach strapazierten Stichwort „Hunger".

Es wird wohl im ersten oder zweiten Jahr nach Kriegsende gewesen sein, also zur Zeit des größten Hungers, als sich wie ein Lauffeuer die schier unglaubliche Kunde verbreitete: der Sollner Schäfer verkauft morgen seine Herde, und zwar einzeln! Es hieß, dass sich der Bestand in jeder Nacht durch dreisten Diebstahl um einige Tiere verringere und er deshalb den Rest der Herde zu Geld machen wolle.

Natürlich waren wir schon ganz früh auf den Beinen und pilgerten zu der großen Wiese zwischen Sendling und Solln, die dem „Bauer am Berg" gehörte und sich einige Jahre später in einen blühenden Siemens-Standort verwandeln sollte, damals aber eben noch der Herde unseres Schäfers und Düngerlieferanten als Weideland diente.

Wieder bewährte sich eines der Lieblingssprichwörter meiner Mutter von dem „Gold im Mund der Morgenstund", denn wir waren unter den ersten in einer ständig länger werdenden Schlange. Und als der Schäfer dann einen ersten jungen Hammel ausrief, zögerte sie nicht lange und griff zu. Sie hat die Szene selbst in ihrem Buch *„Haus Hackländerstraße"* geschildert, deshalb kenne ich ihre Überlegungen, die darauf hinausliefen, dass wir mit einem ausgewachsenen Tier gar nicht fertig werden würden, weder beim Schlachten noch beim Essen.

Wie sich schnell zeigen sollte, lag sie damit auch absolut richtig, denn schon das Abtransportieren stellte sich als nahezu unlösbares Problem heraus: das Tier wollte unbedingt wieder zurück zur Herde, unser Strick und auch unsere Kräfte, es gegen seinen Willen in die entgegengesetzte Richtung zu zerren, erwiesen sich als zu schwach und der Hammel entkam uns noch vor dem Erreichen unseres Hauses. Ich musste lernen, dass so ein blödes Schaf (nach meiner damaligen Wertschätzung) zumindest schnell und vor allem ausdauernd rennen kann, so dass ich größte Mühe hatte, ihm auf den Fersen zu bleiben.

Immerhin bekamen wir vom Schäfer eine zweite Chance und schafften es dann doch irgendwie, das inzwischen wohl etwas erschöpfte Tier in den Holzschuppen im Garten zu bugsieren und die Tür zu verrammeln. Der Hammel rammelte jetzt von innen dagegen.

Damit war aber erst ein Teil der Aufgabe erledigt, denn wir hätten ihn natürlich möglichst schnell im Topf schmoren sehen. Dazwischen aber lag noch ein gewaltiger Kraftakt, und zwar mehr psychischer als physischer Art: das Umbringen des Tieres. Es war klar, dass diesen Akt nur unser Nachbar mit dem vielversprechenden Namen Kennerknecht vollbringen könnte. Und er konnte! Ich durfte dabei allerdings nicht zusehen, vielleicht wollte ich es auch nicht.

Um das weniger vergnügliche Thema kurz zu machen: nach einiger Zeit, ausgefüllt mit einer Kakophonie grässlicher Geräusche, war die Angelegenheit, für die mir kein adäquates Eigenschaftswort einfällt, dann doch

glücklich, jedenfalls für uns, beendet. Ob ich das Todes-
röcheln des Hammels aus der Waschküche wirklich gehört habe oder es mir nur einbildete, vermag ich nicht
mit Sicherheit zu sagen. So oder so: es verfolgte mich
noch eine Zeit lang, hatte aber keine ernsthafteren
Auswirkungen auf meinen Appetit, als es dann einige
Tage lang köstlichen Lammbraten gab.

Nach diesen kleinen komödiantischen Einschüben in
das sonst unvorstellbar tragische Kriegsgeschehen, das
längst auch die Heimatfront beherrschte, ist es nun
höchste Zeit, die Themen Krieg, Hunger und Töten zu
verlassen, wozu allerdings ein gewaltiger Sprung not-
wendig ist. Und während wir die Hauptperson unserer
Betrachtung ja längst in einer vielversprechenden Karriere bei Siemens untergebracht wissen, können wir
den Blick auf ein ganz anderes Geschehen richten, das
statt auf der Bühne eines Weltunternehmens auf Planken, noch dazu auf „schwankenden Planken" abläuft,
mit dem erstgenannten aber in unerwartete Konkurrenz
tritt. Auch das dafür eingesetzte Medium wechselt vom
Wort zum Bild. Tatsächlich existiert ein Film mit dem
Titel „Der verhinderte Seemann", der diese zweite Karriere einbezieht und, man wird es kaum für möglich halten, sogar bei dem Abschiedsfest unseres ehemaligen
Hänschens nach 36 Dienstjahren bei Siemens und dem
Übertritt in den sogenannten Ruhestand seine Urauffüh-
rung erlebte.

Pandemisches Panoptikum, Buch II:
Der Seemann

Der zweite Akt spielt im Wesentlichen auf dem Wasser; allerdings mit der Einschränkung, dass es sich um Wasser handelt, das sich immer in den Spalt drängt, der sich zwischen zwei Festland- Blöcken bildet, konkret: um die schönsten Wochen des Jahres, im Urlaub.

Segeln und Siemens.

Wer sich mit dem Leben von Werner v. Siemens beschäftigt hat, wird sich sicher daran erinnern, dass dieser, nachdem das Geschäft in Deutschland gut florierte, auch in England eine Niederlassung gründete, deren Leitung einer seiner Brüder übernahm. Transatlantische Beziehungen gab es auch infolge der von Siemens übernommenen Aufgabe der Kabellegung durch den Nordatlantik zwischen dem europäischen Kontinent und Nordamerika, doch sind meines Wissens damit auch die Verbindungen der Firma Siemens mit der Seefahrt so ziemlich erschöpft. Bleibt lediglich noch eine etwas spitzfindige sprachliche Beziehung in dem Satz: *„if you think, the Haus Siemens is a house for seamans, you `ll get some problems".* Die Richtigkeit dieser Behauptung findet eine amüsante Bestätigung im folgenden Kapitel, das aus einem Essay zum sechzigsten Geburtstag meiner Tochter Veronica mit dem Titel *„Wie ich mir eine Tochter angelte"* entnommen ist

Wie ich mir eine Tochter angelte.

Schon wieder dieses Angler-Latein! Hat man einmal damit angefangen, dann kommt man nicht mehr davon los. Doch ist das nahezu unverzichtbar, wenn es sich um so kapriziöse Geschöpfe wie Seejungfrauen handelt, die man ja so gerne an die Angel bekommen möchte - vielleicht gar noch eine mit Schwanz! Dazu ist Fantasie schon eine wesentliche Hilfe.

Nun, meine Erzählung verzichtet auf das Anglerlatein; auch von dem berühmten sprechenden Fisch, dem Buttje, dem verwunschenen Prinzen, den ja jedes Kind kennt, kann ich nichts Neues berichten. Dafür scheint mir jetzt aber der richtige Zeitpunkt gekommen zu sein, das Fischer-Archiv etwas weiter zu öffnen und einige Geheimnisse zu lüften, die bisher noch gut gehütet wurden.

Also begonnen hat alles mit Adam und Eva, oder richtiger: mit der paradiesischen Zeit, in der der liebe Gott noch persönlich mit seinen Geschöpfen im Garten Eden spazieren ging und ihnen seine Bäume und deren Geheimnisse zeigte. Nun ist dies schon eine Weile her und das Experiment mit des Paradieses Bäumen scheint auch irgendwie nicht so recht geklappt zu haben, jedenfalls wird es gut sein, so einige Generationen zu überspringen, was mir die Möglichkeit eröffnet, gleich auf Johanna zu sprechen zu kommen, welche meine Mutter ist bzw. war.

Diese hatte noch ein sehr enges Verhältnis zu dem lieben Gott und wandelte strikt auf seinen Wegen in der direkten geistigen Nachfolge ihrer Namenspatronin, der heiligen Johanna von Orleans, Jungfrau übrigens wie ich, mindestens im Sternzeichen. Und ihr größtes Anliegen war es denn auch, ihrem lieben Hermann, der tatsächlich nicht nur ihr Herr, sondern auch ihr Mann war, zum Ende seiner Erdenfahrt noch den ersehnten Thronfolger zu gebären. Zwar gab es bei Licht besehen nichts, was einem irdischen Thron gleich sah und damit auch vererbt werden konnte, aber sie hatte ohnehin mehr die geistliche Thronfolge im Sinn, und die beginnt seit alters her mit dem schwarzen Barett eines Pfarrers und endet bei der Tiara des Papstes.

Nun war sie, was die himmlischen Erfolgsleitern angeht, nicht eben eine bescheidene Frau, was sie zwar sicher nicht so ganz direkt zugegeben hätte, was aber ihr Sohn gelegentlich deutlich erkennen zu können geglaubt hat. Doch war diese Ilsebill gescheit genug, erst einmal klein anzufangen und von ihrem Gemahl, der in unseren Märchen zunächst den Angler und glücklichen Buttje-Fischer abzugeben hat, als Geschenk für die Freilassung des Butts einen ganz kleinen Piss-Topf zu wünschen, wie es bei den Gebrüdern Grimm im Märchen "Vom Fischer un siner Fru" aufgezeichnet ist. Hauptsache, dass dieser nur an einem kleinen See in der Nähe von München gelegen und damit leicht zum ungestörten Baden für die Familie erreichbar wäre. Und so geschah es denn auch, denn es geschah meistens das, was Ilsebill wollte.

Es gab da nämlich eine recht hübsche Tochter des Hauses, die sich gerade anschickte, das heiratsfähige Alter zu erreichen; sie hatte lange, hellblonde Haare und trug diese in einer recht eigentümlichen Art als Schillerlocken wie eine kleine Krone auf dem Kopf drapiert. Als ihr um 14 Jahre jüngerer Bruder konnte ich recht bald feststellen, dass es sich bei dieser Schwester keinesfalls um eine Seejungfrau gehandelt haben kann, denn knieabwärts war alles völlig normal. Auch die Schillerlocken blieben mir vermutlich nur deshalb noch in Erinnerung, weil sie Anlass zu einem späten Nachkriegsgeplänkel gaben – der zweite Weltkrieg war da längst mit der deutschen Niederlage besiegelt, – als ein amerikanischer Offizier als Besatzer die Herausgabe der schmucken Villa am Stadtrand von München verlangte. Bei der Besichtigung fiel dem „Ami" ein überlebensgroßes, handkoloriertes Foto-Portrait der schillerlockigen Frau auf und er erkundigte sich, wer diese „nice Lady" sei. Nun bedarf es keines großen Regisseurs, um die folgende Szene ins rechte Licht zu setzen, denn für Johanna stieg die ganze Bitternis über das verlorene Kind und den verlorenen Krieg mit Elementargewalt in Kopf und Herz, sie baute sich vor dem Ami auf, als ob sie ihn erwürgen wolle und schrie ihm ins Gesicht: das war meine Tochter und IHR HABT SIE ERMORDET! Der Ami zog darauf den Schwanz ein und verpisste sich, um in diesem etwas derben Jargon des Grimm'schen Märchens zu bleiben.

Als letztes der ursprünglich vier Kinder meiner Mutter war ich nun Nutznießer des Ilsebill'schen Piss-Pots am

See; die Voraussetzung für mich als junger Fischer eine Tochter (und auch mehr) zu angeln, war damit immerhin gegeben.

Zu ergänzen wäre allenfalls noch, dass sich die Hoffnungen meiner Mutter auf einen spektakulären Aufstieg ihres Sohnes auf der kirchlichen Erfolgsleiter nicht erfüllt haben, weil dieser doch eine irdische Karriere bevorzugte, aber wohl auch, weil die Beiden damals nicht ahnen konnten, dass die Deutschen eines gar nicht so entfernten Tages der Welt einen Papst zu liefern haben würden, die Erfolgsleiter also noch eine weitere attraktive Stufe zu bieten hatte.

Nun ist, wie Insider wissen, in dem Märchen ein Szenenwechsel fällig, denn wir haben es jetzt mit der nächsten Generation zu tun, und gesucht wird nun eine dazu passende Frau für den Sohn der Ilsebill. Da damit die Rolle des Anglers auf mich kam, habe ich das Märchen vom Fischer un siner Fru, das sich nun auf einem kleinen Dorfbahnhof in Rothenfels am Main für mich ereignete, schon vielfach erzählt, so dass sie mir selbst schon fast zum Hals heraushängt. Um aber auch meine Leser bzw. Zuhörer wieder auf den Stand der Dinge zu bringen, sei nochmal an den raffinierten Einfall des unbekannten Regisseurs erinnert, der den drei aus München per Radl angereisten Pfadfindern am Bahnsteig des kleinen Örtchens statt der von ihnen erwarteten drei geistlichen Herrn aus München drei schmucke junge Damen aus Düsseldorf sozusagen schnurstracks in die Arme führte. Nach dem sehr nassforschen Spruch, der damals üblich war „in der Not frisst der Teufel Fliegen" endete sein überraschender Coup schließlich mit der Eheschließung von einem der sich bildenden Pärchen; allerdings war das gute sieben Jahre später.

Diese Zeit des Wartens und der Erwartung war für die Beiden überaus fruchtbar, denn es bestand nun reichlich Gelegenheit, einen gemeinsamen Plan für ein gemeinsames Leben zu schmieden, worüber das schon erwähnte Archiv mit seinem meterdicken Schriftwechsel und überdies noch 5 ledergebundenen Tagebüchern sehr freimütig Auskunft geben kann.

Hier ist nun ein Rückgriff auf die ersten Lebensschritte des kleinen Prinzen unerlässlich, denn mal schnell eine Angel ins Wasser zu werfen und damit auch noch einen sprechenden Butt an Land zu ziehen, das allein ist schon ziemlich märchenhaft, aber im Kontext des heutigen Festes ist das Märchen noch deutlich merkwürdiger, ja gar unglaubwürdig: denn es besteht bis heute noch immer weiter fort, was Märchen ja sonst eigentlich nicht tun; ja es steht im Begriff, sich mindestens um eine weitere Generation fortzuschreiben. Um die Bedeutung dieses damit in Verbindung stehenden Berufs- und Umweltwechsels ermessen zu können, ist hervorzuheben, dass es in der bisherigen Berufspraxis der Fischerfamilie weit und breit noch nichts gegeben hatte, was irgendwie mit Bootsbau und gar Werftbetrieb zu tun hatte. Allenfalls kann in der mütterlichen Linie auf einen über viele Generationen betriebenen Weinbau und Küferbetrieb im Württembergischen verwiesen werden, in dem jedenfalls eine Art von Holzbearbeitung zur Herstellung von Weinfässern zum Beruf gehörte.

Dessen ungeachtet entwickelte der zweijährige Knirps, der sich im flachen Gewässer des kleinen Sees vor dem Piss-Pott zu tummeln begann, schon sehr bald eine unverkennbare Zuneigung zu Booten jeder Art, auch wenn es sich zunächst nur um deren Funktionsweise im nassen Element handelte. Der Zugang des kleinen Kerls zur Welt und damit zum Wasser war mit einem Holzsteg vor der Bootshütte klar und eindeutig umrissen. Dass aus dem genüsslichen Herumplätschern einmal eine Leidenschaft erwachsen sollte, die die ganze Familie in den Griff nahm und auf Sohn Stephan und Enkel Jakob vererbt werden würde, ja lange von ihm auch als Traum von einer Weltumseglung gehätschelt wurde, schließlich für den Enkel schon in frühen Jahren zu einem Titel als Weltmeister im Regattasegeln führen sollte, stand damals natürlich noch auf keiner Rechnung.

Die Erwähnung dieser unerwarteten Entwicklung hat aber noch einen tieferen Grund, den zu ergründen es schon eines Ausflugs in metaphysische Bereiche bedarf.

Schon ganz am Anfang der sich entspinnenden Liebesbeziehung zwischen Marianne und Manfried ist schon eine eindeutige Festlegung nachweisbar, dass zu der noch in weiter Zukunft liegenden Gründung einer Familie eine respektable Flotte von sage und schreibe vier Kindern gehören sollte, was nun durchaus mit der Gründung einer kleinen Werft verglichen werden kann. Und in der Tat lag in den ersten Jahren der Ehe sozusagen immer auch schon ein neues Schiffchen auf Kiel, das dann nach neun Monaten eines Tages stolz und voller Tatendrang auf seinen Stapellauf drängte.

Ja, das ist es, was wir heute am Geburtstag des ersten Exemplars dieser sehr gelungenen kleinen Flotte feiern können, was uns, Nanne und mich „als Werftgründer ohne nautisches Patent" mit Stolz und Freude erfüllt. Darauf einen ganz besonderen dicken Schluck aus der Flasche des Lebens. Dass der Inhalt der Flasche aus den Württembergischen Gefilden stammt, aus dem die großmütterliche Sippe der Hehns stammt, ist dabei kein reiner Zufall!

Aufbruch zur Suche nach dem Goldenen Vlies

War der Ausgangspunkt meiner kleinen Geschichtenfolge der sechzigste Geburtstag unserer ältesten Tochter, die ganz ohne Angel auf die natürlichste Art der Welt deren Licht erblickte, wenn gleich auch als eine Art Wunderkind begrüßt, so haben wir es jetzt erst einmal mit der wichtigsten aller Nabelschauen zu tun: der eigenen. Man schreibt jetzt also auf die Eingangstüre der Etagenwohnung in Best Lage Münchens am Tag der heiligen drei Könige die Zahlen 1934 und die Buchstaben C, M und B für Caspar, Melchior und Baltasar. Der kleine Prinz, der mit diesen drei Königen außer der Sache mit dem Thron sehr wenig gemein hat, sitzt derweil ganz fröhlich auf seinem Nachttopf, ohne zu wissen, was ein Thron ist und wie die Suche nach dem Glück nun beginnen soll.

Heute gehört dieser fröhliche Knirps unverkennbar einer Altersgruppe an, der die allmächtige Werbung den zweifelhaften Titel „die Best-Agers" umgehängt hat; bei genauerem Hinsehen guckt er weit weniger glücklich aus der Wäsche wie auf dem Thron vor ziemlich genau 84 Jahren, wo seine Bekleidung nur aus einem zu kurzen Nachthemd bestand und seine nautische Zukunft noch in den Sternen stand

Allerdings deutete sich diese Entwicklung schon in Form eines Märchens an, das der Knabe bald zu seinem Lieblingsmärchen erkor und es möglichst jeden Abend als Betthupferl hören wollte, das Märchen vom *kleinen Häwelmann* von Theodor Storm. Und das handelt, vermutlich werden das nicht mehr viele von meinen Lesern wissen, von einem kleinen Jungen, der im Mondenschein mit seinem Segelboot über den Nachthimmel brauste. Dazu hatte er in seinem Bett, das mit vier Rädern bestückt war, einfach ein Bein in die Höhe gestreckt, daran sein Nachthemd als Segel gespannt und dem Mond zugerufen, er solle seine Backen aufblasen und ihn gehörig anschieben. Er konnte nicht genug bekommen und schrie nur immer noch lauter: mehr, lieber Mond, mehr! Doch als der Mond selbst außer Puste geraten, gegen Morgen im Meer versank, stürzte auch der kleine Häwelmann in die Fluten, wurde allerdings glücklicherweise von Herrn Storm, der mit seinem Sohn in einem Kahn gerade vorbei kam, noch rechtzeitig gerettet.

Dieses Märchen ist ganz ohne Zweifel eine Art Einstiegsdroge für unser *Hänschen-klein* gewesen und es ist für ihn sein Leben lang das Segeln die weitaus schönste Form der Fortbewegung geworden, noch vor dem Autofahren und erstrecht vor dem Zu-Fuß-gehen.

Wozu erzähle ich das alles? Nun, falls Du, lieber Leser, schon einen Blick auf mein Inhaltsverzeichnis geworfen hast, bist Du bei dem Kapitel "Die Suche nach dem goldenen Vlies" stutzig geworden, vielleicht auch schon über den Begriff "Argonauten", wo doch von diesen kaum noch jemand spricht, nachdem die "Astronauten" ihnen ja längst den Rang abgelaufen haben. Die Auflösung dieses kleinen Rätsels wird noch eine kleine Weile dauern, was aber mit den inzwischen im doppelten Sinn veralteten "Läuften" meines Lebens zu tun hat und uns deshalb auch noch einmal beschäftigen wird.

Obwohl die meisten meiner Seemannsschnurren schon mehrfach von mir abgespult und dann auch schriftlich überliefert worden sind, ist es im Interesse des weiteren Verständnisses unverzichtbar, ein paar Fakten zu nennen, die auf den entscheidenden Höhepunkt dieses Kapitels hinführen.

So hat die Leidenschaft des inzwischen vor seiner wichtigsten Lebensentscheidung, der Berufswahl, stehenden jungen Mannes zum Segeln, mindestens zum Leben auf dem Wasser allem anderen, was da so Leiden in diesem Alter verursacht, ein deutliches Übergewicht bekommen. Nicht nur, dass er jede freie Stunde und auch solche, die er nur mit schlechtem Gewissen dazu frei machen konnte, auf seiner Olympia-Jolle auf dem heimischen wie auch auf fremden Revieren verbrachte, nicht nur, dass ihm von allen Seiten alle erreichbaren Neuerscheinungen der nautischen Literatur aufgedrängt wurden, seine Verstiegenheit ist vielleicht am besten mit dem häufig auch als Provokation gedachten Ausspruch zu kennzeichnen: *wenn es demnächst im Himmel keine Möglichkeit zum Segeln gibt, dann bin ich auch am späteren Leben dort nicht interessiert.*

Folgerichtig tat er alles, um hier auf Erden alle Voraussetzungen zu erfüllen, wenigstens hobbymäßig alle Kenntnisse zu erlangen, die für die Führung eines Schiffes auf den Weltmeeren gebraucht würden, so letztlich auch ein Patent als Skipper und Kapitän.

Zu diesem „Behufe" konnte man ihn eines Tages zusammen mit einigen anderen Segelschülern auf den Gewässern um Mallorca dabei beobachten, wie er ein perfektes "Mann-über-Bord-Manöver" auf einem veritablen Motorsegler von geschätzten 25 Meter Länge hinzubekommen versuchte, was eine wichtige Voraussetzung war, um erfolgreich ein Kapitänspatent zu erwerben. Was auf den ersten Blick nicht ins Auge fiel, war der Name dieses Mini-Panzerkreuzers, er hieß "*Argo*". Nun war auch das für ahnungslose Zuschauer sicher unverdächtig, doch änderte sich die Lage von Tag zu Tag, denn wenn abends dieses "Trumm Schiff" in den Hafen von Andraitx einfuhr und die sichtlich ermüdeten Kapitänsanwärter ausspie, fiel manchen Insidern auf, dass diese sich in Aussehen und Verhalten veränderten. Und als die Prüfung schließlich bestanden war, eröffnete der sichtlich angetrunkene Patentinhaber Fischer seiner konsternierten Familie, dass er sich entschieden habe, auf der Argo zu bleiben, um sie ins östliche Mittelmeer zu überführen.

Was wollte er denn da? War das nicht der Weg, den die Argonauten auf ihrer Suche nach dem „goldenen Vlies" vor sich hatten? Und war deren Kapitän nicht ein gewisser Jason, der sich von dieser Reise seine spätere Frau Medea mitbrachte? Nun, als Bühnengeschehen ist einem diese Geschichte schon einige Male begegnet, aber so viel ist davon nun auch nicht hängen geblieben, doch dass diese Geschichte gar einmal im eigenen Leben eine nennenswerte Bedeutung gewinnen sollte, das erschien damals doch als recht unwahrscheinlich.

Jedenfalls ist es Marianne, wenn auch mit Mühe, schließlich gelungen, ihren Kapitän zurück nach München heimzubringen und ihn anderntags wieder zum Karriereaufstieg zu Siemens auf den Weg zu bringen. Die letzte Wendung in diesem Kapitel ist damit aber noch nicht erreicht.

Festzuhalten ist jedenfalls, dass das Segeln auf der Liste der das Leben prägenden Werte unter Hobby geführt wurde, dort allerdings weit vorrangig an erster Stelle und bei jeder sich bietenden Gelegenheit auch mit durchschlagender Wirkung das Berufsleben zu befruchten wusste.

Der verhinderte Seemann

Da haben wir ja gerade schon die Geschichte gehört, wie unser Protagonist ganz knapp daran vorbeischrammte, der Literatur-Geschichte das Goldene Vlies, das seit einigen tausend Jahren irgendwo im östlichen Mittelmeer verschollen ist, durch eine kühne Expedition mit *Argo* zurückzugeben. Belassen wir es also bei den Spuren, die diese Geschichte in diversen Bühnenstücken aus der altgriechischen Literatur hinterlassen hat und bei der wagen Vermutung, dass das golddurchwirkte Hammelfell sich auch nicht als der ewige Glücksbringer erwiesen hat, den die wackeren Seeleute um ihren Anführer Jason erwartet haben. Auch er selbst ist ja mit seiner dort eroberten Beute Medea nicht auf Dauer glücklich geworden. Gold, das sei wenigstens festgehalten, scheint nicht immer der Risiken seiner Gewinnung wert zu sein. Also: auf zu neuen und anderen Schürfversuchen! Wobei diese allerdings zunächst weiter in der Erforschung der Meere, bescheidener: des Mittelmeeres und seiner Inseln ihr Ziel haben, und das auch nur in Form eines der schönsten Hobbies dieser Welt. So beschwört es jedenfalls der Skipper, der sich immerhin über fünfzig Jahre dem Element, das keine Balken kennt, und dem Wind, dem absolut naturfreundlichsten Antrieb der bisherigen Welt-Geschichte überlassen hat.

Nun ist Segeln nicht eben ein sehr verbreitetes Hobby; dass da einer irgendwo am Mittelmeer einen privaten

„Dampfer" liegen hat, mit dem er in seiner Freizeit und rein zum Vergnügen herum schippert, wird allgemein als luxuriöses Dandytum empfunden, jedenfalls als außerhalb der Norm angesehen. Dass das scheinbare Glück auch einmal die Rückseite eines Unglücks sein kann, daran sei hier noch einmal erinnert. Hätte meine Frau keinen Gehirntumor bekommen, damit auch nicht mit einer halbseitigen Lähmung das halbe Leben zu meistern gehabt, so hätten wir mit Sicherheit weiter unser Wochenendhäuschen am Wörthsee als „Datsche" frequentiert. Der Verkauf dieses inzwischen am Markt nicht mehr zu bekommenden Kleinods einzig und allein aus Gesundheitsgründen erbrachte einen Liebhaber-preis in nennenswerter sechsstelliger Größenordnung, die einen solchen ungewollten Tausch ermöglichte. Vor allem war meine Frau mit unserem privaten Schne-ckenhaus noch viele Jahre glücklich, darüber hinaus auch alle Mitsegler aus der Familie und dem Freundes-kreis, da sie als Crew angeheuert waren und außer einer Beteiligung an der Bordkasse nichts zu bezahlen hatten.

Das wollte ich zur Klärung dieser Frage doch noch einmal eingebracht haben.

Ansonsten habe ich mich aber entschlossen, mein seemanntisches Dasein aus dem Blickfeld dieses Buches zu streichen. Wer will, kann sich aber an den seg-lerischen Abenteuern weiter delektieren, die in meinem ersten Buch *Den Wind in der Hand* zu Hauf zu finden sind.

MARIAGE

Und ein glückliches Ende

Bei Weinen nennt man die Kombination von unterschiedlichen Trauben (vor der Kelterung) oder schon vergorenen Weinen eine Cuvee oder, was mir rein sprachlich noch besser gefällt: eine Mariage. Eine Kombination von staubiger Schreibstuben-Luft, wie ich sie bei Siemens überwiegend genoss, mit Spritzwasser von salziger Meerfahrt hat, soweit ich weiß, keinen eigenen Namen, hat sich aber im großen Ganzen bei abwechselndem Genuss recht gut bewährt. War ich im Hauptberuf für die Firma ein Glücksgriff, wie mir das freilich erst bei meinem Abschied schriftlich bestätigt wurde, so war ich bei Mitarbeitern und Kollegen obendrein ein „toller Hecht", der gelegentlich auch einmal Kollegen aus dem dienstlichen Umfeld zu einem Segeltörn im Urlaub mitnahm.

Dies muss ich vorausschicken, wenn ich noch einmal das Thema Jubiläum bei Siemens anspreche. Das fand nämlich zu meiner eigenen Überraschung auf dem Wasser statt.

Wie es so allgemein üblich ist hatte ich meine Mitarbeiter, Chefs und viele Kollegen zu einem fröhlichen Beisammensein am Abend meines Jubiläums in die Waldwirtschaft Großhesselohe eingeladen, darunter auch einige der Mitsegler. Nach einem zünftigen bayerischen Abendessen formierte sich auf der Bühne ein Shanti-Chor aus allen meinen Mitarbeitern und bot, kostümiert mit Segelmützen aus Zeitungspapier, ein Potpourri aus neun der bekanntesten Seemannslieder, die alle mit Texten unterlegt waren, die meinen beruflichen Werdegang enthielten, garniert mit seemanntischen Anzüglichkeiten in Fotomontagen und moderiertem Text, für Sänger, Chor und Schifferklavier, *bühnenreif dargebracht ihrem Käpt'n Hermann F. Fischer.* Das ist auch filmisch dokumentiert, da mein Sohn Stephan mit meiner halbprofessionellen Kamera mitfilmte. Endend mit der Strophe aus „Auf der Reeperbahn:

Wer noch niemals in lauschiger Nacht
so ein Jubelfest hat mitgemacht,
ist ein armer Wicht,
denn er kennt ja nicht
unsern Hochsee-Fischer bei Nacht.

Da blieb kein Auge trocken! Jubel, Trubel, Heiterkeit, die bei allgemeiner Begeisterung in eine rauschende Tanzerei überging.
Bei aller Unbescheidenheit bin ich auch heute noch der festen Überzeugung, dass es im großen Hause Siemens wenige Jubiläen gegeben hat, die bei allen, die dabei waren, so unvergesslich geblieben sind!

Als letzte Pointe kann ich dazu noch anmerken, dass mir zu meinem Abschied einer meiner Mitarbeiter als Gag zum Ende seines überraschend eingebrachten „Dienst-Kabaretts" einen veritablen „Elefantenbollen" als Symbol für Kraft, Gesundheit und langes Leben über-

reicht hat. Sein Wunsch ist bisher voll in Erfüllung gegangen; inzwischen konnte ich schon mein 25. Ruhe-
stands-Jubiläum begehen!

Ich bitte um Nachsicht, wenn ich mir dazu noch eine
sehr persönliche Anmerkung erlaube: dass mich mit
diesem Mitarbeiter – um Ruprecht Nagel, meinem „blin-
den Barden", auch eine „dienstlebenslange Beziehung"
verbindet; als Sohn meines zweiten Siemens-Chefs habe ich seine langsame Erblindung aus nächster Nähe
mit erlebt, und ich durfte ihn als einen hochbegabten,
ungemein tüchtigen Kollegen bis in den Oberen Führungskreis hinein fördern. Dabei war er immer einer der
Fröhlichsten trotz seiner schweren Behinderung, was
ich mit meiner Erzählung als ein großartiges Beispiel
dankbar bekunden will.

Pandemisches Panoptikum: Buch III
Die Kursänderung

Der Boandlkramer! Fast habe ich ihn ja erwartet, dass er mich ermahnt, unter meinem Kessel etwas mehr Dampf aufzumachen, weil es doch an immer mehr Ecken unseres schönen Planeten gleichzeitig lodert „wia in der Hölln", so hätte er sicher gemault. Und ich hätte so recht nur meine Steuererklärung, die längst nicht nur fällig, sondern überfällig immer noch vor sich hindümpelte als Grund, besser: Ausrede, benutzen können, meine Unlust zu kaschieren, am Lachbuch weiter zu schreiben.

Ja, Lachbuch habe ich die ganze Chose inzwischen genannt, diesen doch sehr seltsamen Auftrag, mit einem zum Lachen animierenden Buch einen inzwischen dramatisch verfahrenen Karren aus dem Dreck zu ziehen. Tatsächlich erscheint mir bei dem Gedanken an meinen unfreiwillig beigesellten Sensenmann als Geschäftspartner aus dem bairischen-Bauerntheater-Milieu besonders die übertrieben ungelenke Szene aus dem Film „Der Brandner Kaspar", in der er den Kaspar in seinem klapprigen Pferdewagen durch ein gigantisches Wolkengetümmel in den Himmel zieht, ziemlich lächerlich (das auf sehr niedrigem Niveau!) und dabei fällt der Pegel meiner Gutgläubigkeit gegenüber dem Boandlkramer noch weiter dem absoluten Nullpunkt der Temperaturskala entgegen.

Und als ob mein Regisseur *aus dem off* bemerkt hätte, dass ich seinen Trick mit dieser komischen Figur durchschaut habe, tauchte heute im Morgengrauen als ein neuer Protagonist an meiner Matratzengruft eine nicht viel weniger undurchsichtige Gestalt auf, die ich nach dem Attribut, das sie umklammerte, nämlich einem sehr realistischen Totenkopf, als Hamlet identifizierte; tatsächlich verriet ihn aber die aus der Schulzeit noch bei mir hängengebliebene Sequenz „von des Gedankens Blässe angekränkelt", die ich seither irgendwie als „eherne Worte" und Beispiel echter Dichtkunst angesehen hatte und die plötzlich als tönender Begleitteppich zur Szene aufklang.

Was soll denn der Mummenschanz nun wieder, entfuhr es mir. Und da meldete sich gänzlich unerwartet eine Stimme *aus dem off,* die mir irgendwie bekannt vorkam; vielleicht sollte ich sie besser *die Stimme aus dem Inside* nennen. Eigentlich erkannte ich sie mehr aus der Art, wie sie sprach, nicht, was sie sprach. Es waren unzusammenhängende Wortfetzen in der Art von Gedankensplittern, die kurz aufblitzen und dann sofort wieder verschwinden, ehe man sie richtig erhaschen kann, sofort gefolgt von neuen Blitzen, so wie sich nach einem heißen Sommertag die Nacht vom himmlischen Feuerwerk minutenlang erhellt.

Es wäre nun allzu verführerisch, den Lichterscheinungen zu folgen und dem Weg der Erleuchtung nachzugehen; ich spürte aber, dass das zumindest im Augenblick nicht von mir gefragt war, sondern nur als Ankündigung für einen Wetterumschwung zu verstehen sei. Immerhin blieb, bildlich wie ein Menetekel in den schwarzen Wolken ein Leuchten hängen, das ganz offensichtlich ein neues Thema verkündete: *auf zu neuen Ufern!*

Nun, das war zwar für mich keine umwerfende Erkenntnis, aber doch eine deutliche Bestätigung, dass, banal gesprochen, Lachen zwar durchaus gesund ist, aber kein wirkliches „Allheilmittel" gegen Depressionen aller Art, also eher tauglich für kurze Gemütsaufhellung als für seelische Heilung. Diese Erkenntnis war der eigentliche Grund für mein Unbehagen der letzten Wochen: die Kunst besteht ja nicht allein darin, möglichst viele „Lacher" im Publikum zu erreichen, sondern **anhaltende, tiefgründige Freude, Freude am Leben, und weit darüber hinaus.** Das empfand ich ganz deutlich.

Ja, das ist nun sicher für den Leser eine Überraschung, vielleicht empfindet er es sogar als eine Überrumpelung. Als Segler, der es gewohnt ist, mit neuen Steuerkursen umzugehen, entspricht das aber voll und ganz den Erfordernissen guter Seemannschaft, wenn er sein Schiff ans Ziel bringen will. So ist es nur ein Gebot der Fairness, auf den notwendigen Kurswechsel hinzuweisen. Dem in Seemannschaft unerfahrenen Bordgenossen sei aber wenigstens kurz erläutert, dass bei einer Wetter- und vor allem Windänderung das Ziel oft nur noch durch „Kreuzen" erreicht werden kann, anders ausgedrückt, dass ein Segeln gegen den Wind nicht möglich ist. Der Segler ist seinen nichtsegelnden Gefährten insofern ein wichtiges Stück Lebenserfahrung voraus: gegen die Natur geht gar nichts! Trotzdem ändert sich nichts am Ziel, die vornehmste Aufgabe eines ambitionierten Kapitäns bleibt der Impuls: **auf zu neuen Ufern.**

Hamlet jedenfalls führte mich zurück zu dem Befund: *es ist etwas faul im Staate Dänemark* und auf die von ihm erkannten Möglichkeiten der Reaktion gegenüber der neuen Situation. Des Gedankens Blässe ist ja für ihn kein Signal zur Aufgabe, allenfalls eine Entschuldigung fürs Weitermachen. So verstand ich auch für mich die Botschaft des „auf zu neuen Ufern": das Glück (das Gold) liegt immer hinter den sieben Bergen! Oder am Fuße des Kaukasus oder irgendwo in Arkadien. Es will erobert sein!

Dieses Ziel galt es also anzusteuern, ein drastischer Kurswechsel war fällig, Resignation nicht angesagt.

Pandemisches Panoptikum:
Das Chaos beginnt

Der Start in das dritte Jahrzehnt des noch jungen dritten Jahrtausends verlief programmgemäß, ja durchaus verheißungsvoll. Wenn man einmal von der Gesamtwetterlage des näheren und ferneren Umfelds absieht, die der Dorf-Chronist sich vorgenommen hatte, aus seiner Betrachtung auszuklammern, so stand seinem Dorf in dem neuen Jahr ein ganz besonderes Ereignis bevor: die Feier seines 900jahrigen Jubiläums, denn das Dorf Bernried wird im Jahr 1120 zum ersten Mal aktenkundig erwähnt: in diesem Jahr hatten Graf Otto von Valley und seine Frau Adelheid dem Ort am Würmsee, wie dieser damals noch geheißen hat, ein Kloster gestiftet, das knappe 700 Jahre lang bis zur Säkularisation die Augustiner-Chorherren in Besitz hatten.

Auch wenn zu Beginn des Jahres 2020 die weitere Zukunft des Klosters schon in Frage stand, so hatte die Gemeinde doch beschlossen, das Jubiläum mit allen zu Gebote stehenden Mitteln zu feiern und auch schon kräftig in die für die im Frühsommer angesetzte Festwoche investiert.

Von einer Bedrohung durch eine aufziehende Seuche Namens Corona wusste man zu diesem Zeitpunkt aber noch nichts.

Mehr der guten Ordnung wegen sei erwähnt, dass es die Figur des Orts-Chronisten offiziell in Bernried gar nicht gibt, dass es vielmehr eine Erfindung eines noch rüstigen Pensionärs war, der damit diesem Phantom

Gestalt verlieh, und so seinem langjährigen Hobby Tribut zollte. Damit ist auch die etwas ungewöhnliche Verflechtung von Dorf-Geschichte mit autobiografischen Elementen erklärt.

In diesem Zusammenhang ist nur wichtig, dass der Autor des vorliegenden Buches in seiner Rolle als Dorf-Chronist sich vorgenommen hatte, seiner neuen Heimat-Gemeinde, in die er erst vor wenigen Jahren zugezogen war, ein Buch als eine Hommage zum Jubiläum zu schenken, das nun zum Jahresbeginn schon fast vollendet war. Dieses Buch, das sei vorweggenommen, liegt inzwischen vor und ist im Buchhandel unter dem Titel: *Bernried und die glücklichen Umstände* erhältlich.

So war also die Ausgangslage in Bernried zum Jahresbeginn und die Bernrieder Blasmusik hatte sichtlich Vergnügen, den BernriederInnen ein besonders glückliches Jahr 2020 anzublasen.

Doch wie sagt schon Schiller in seiner „Glocke":
Doch mit des Geschickes Mächten,
ist kein ew'ger Bund zu flechten.
Denn das Unglück schreitet schnell.

Was Schiller noch nicht wusste: Das Unheil hatte einen Namen, der zunächst noch ganz harmlos, ja freundlich klang, noch dazu sogar *den Menschen als Krone der Schöpfung* im Halbschatten hinter sich herführte. Grund genug, die Sache erst mal nicht ernst zu nehmen. Kaum einer hat sich da daran erinnert, dass es ja mitten im Hapberger Neubaugebiet eine noch sehr gut erhaltene Pest-Kapelle gibt, die freilich nur im Marienmonat Mai zu einer Mai-Andacht genutzt wurde, sonst aber ein wenig beachtetes Dasein führte. Na ja, „Pest" ist ja auch nur der Name eines zahnlosen Drachens, dem letztlich die Schäffler mit ein paar alpenländischen Juchzern und Hupfern tanzend den Garaus gemacht haben. Dass die Gestalt im Schatten der Unheilsgestalt nicht nur als Epidemie, sondern gar als Pandemie in kürzester Zeit globale Verbreitung und eben für Alle und Alles verheerende Bedeutung erlangen würde, hatte niemand auf der Rechnung. Das Wort Pan, ursprünglich einem griechischen Hirtengott entlehnt, der mit einschmeichelnder Flötenmusik die Nachmittage eines Hains zu begleiten pflegte, ging dabei auch den musikalisch gebildeten Kreisen „flöten". Dafür machte sich Panik breit, die auch die wohlgeordneten Formationen des bisher so beschaulichen Klosterdorfs zu dem Beschluss führte, die Feier seines Jubiläums um ein Jahr zu verschieben.

Dies geschah sozusagen als ein Akt der Notwehr, dessen Bedeutung die Tatsache überdeckt, dass sich das Leben seiner Bürger für das Jahr 2020 grundlegend änderte, für die einen mehr, für die anderen weniger. Diese Erscheinung traf aber überall und auf alle zu, und ich meine, dass die Wenigen, die die Corona-Pandemie zu leugnen versuchten, sich bewusst waren, dass sie sich da selbst belogen. Doch gehören diese verzweifelten Reaktionen schon eher in den Bereich, den ich als Panoptikum benannt habe, dem, wie es einem Zitat entlehnt ist: nichts Menschliches fremd ist. Ich werde aber am Ende meiner Betrachtungen noch einmal die Brille des Dorfchronisten ablegen und meine ganz private Meinung und Wertung darlegen.

Pandemisches Panoptikum
Mein Bernried: Eine Bestandsaufnahme

Heute, am 29. März 2020, mitten in der den ganzen Planeten erschütternden Corona-Pandemie, versuche ich, meine Gedanken dazu zu skizzieren, um der bedrohlich fortschreitenden Krise eine Deutung zu geben und daraus eine Richtung für ihre Bewältigung und den Weg in eine neue Zukunft zu finden.

Ich stehe im 86. Lebensjahr, bin von Hause aus Diplomkaufmann mit Schwerpunkten Soziologie und Psychologie, seit 25 Jahren emeritierter Siemens-Direktor im Personalwesen, Vater von vier Kindern, Buch- und Film-Autor sowie ehrenamtlich seit 2005 Chronist für meine neue Heimat Bernried am Starnberger See, wo ich seither lebe.

Als solcher habe ich zuletzt ein Buch mit dem Titel *„Glückliche Umstände. Eine Hommage an Bernried"* geschrieben, das in Form einer Liebesgeschichte zum 900-jährigen Jubiläum dieser mehrfach als schönstes Dorf Deutschlands ausgezeichneten Gemeinde im Pfaffenwinkel Mitte dieses Jahres erscheinen sollte.

Schon seit einigen Jahren vertrete ich in meinen weitgehend autobiografischen Büchern die Meinung, dass die weitere Entwicklung der Gattung *„Homo sapiens"* trotz mancher spektakulärer Leistungen, in eine Sackgasse geraten ist, die durch einseitige Überbetonung auf technischem Gebiet bei gleichzeitiger dramatischer Vernachlässigung des überlieferten humanistischen Wertesystems zwingend verlassen werden muss, wenn der drohende Untergang unserer Rasse noch vermieden werden soll.

Aufgrund dieser Überzeugung komme ich bei der Beurteilung der überfallartigen Ausbreitung und Gefährlichkeit der Corona-Pandemie zu dem Ergebnis, dass sie als ein Zeichen zu verstehen ist, die der Menschheit deutlich machen soll, dass es höchste Zeit ist, den Weg der egozentrischen Ausbeutung ihres Heimat-Planeten zu verlassen und zu einer gedeihlicheren Form des Zusammenlebens und der Ressourcenverteilung zu kommen. Dies sehe ich weniger als eine Forderung aus wirtschaftspolitischen Überlegungen, sondern in erster Linie als eine Umsteuerung im Verständnis der Schöpfung und ihrer Sinngebung als unsere Aufgabe an.

Der Weg, den ich in dieser Situation zu einem gelingenden Neuanfang nach dem Abklingen der Krise sehe, kann nur unter der Neudefinition der LIEBE und deren Verwirklichung gefunden werden, da bin ich mir mit vielen Deutern einig; verblüffender weise hat der große Wissenschaftler und Denker *Albert Einstein* dies als seine letzte Erkenntnis auf der Suche nach der Weltformel auch so hinterlassen, aber die Welt hat es nicht verstanden.

Allerdings sehe ich in der heutigen verzweifelten Situation kaum eine wesentliche Änderung in der Lebenseinstellung der Menschheit für machbar an; dazu sitzt der Zwang, das Glück nahezu ausschließlich in dem Ergattern eines möglichst großen Stücks vom Kuchen zu finden, als bisheriger Weg der Evolution zu tief verwurzelt. Schon das Wort *LIEBE* ist meines Erachtens seit Mitte des letzten Jahrhunderts zu abgegriffen und vieldeutig, um als neuer Stern noch einmal strahlend aufzugehen; das empfand ich schon zu einer Zeit, als ich in meiner Umgebung noch wenig dagegen tun konnte.

Erst zu meinem achtzigsten Geburtstag bekam ich einen Wink vom Leben geschenkt, der mir zur Offenbarung wurde und der in dem Begriff *FREUDE* beheimatet ist und in der Plastik von Frau U. Völkl-Fischer „Der Kleine König" seinen Ausdruck fand. Ich schrieb darüber auch ein kleines Büchlein: *„Freude, die Botschaft des kleinen Königs",* das ich allerdings nur im Freundeskreis verschenkte. Erst so langsam habe ich begriffen, was mir da geschenkt worden ist: der Schlüssel für ein glückliches Leben! Denn Freude ist nach meiner Erfahrung und Überzeugung wirklich das Göttergeschenk, die weitestgehend selbstsuchtfreie Empfindung, die Glücksgefühle zu schaffen in der Lage ist, beidseitig, besser a l l - s e i t i g, wohlgemerkt. Also die garantierte Voraussetzung für das Entstehen einer echten „win-win-Situaion°; und ich lernte, dass der Kanon die Wahrheit enthält, der da sagt:

„Froh zu sein bedarf es wenig, und wer froh ist, ist ein König°.

Nun ist das alles schön und gut, aber ist es auch überzeugend, um eine Änderung der Kompass-Nadel, die derzeit stur auf den Nordpol „Gier" weist, hervor zu rufen? Lässt sich *FREUDE* so einfach generieren?

Um auf diese Frage eine Antwort zu bekommen, bedarf es eines Feldversuchs, und genau dies ist das, was ich mit Vision meine: versuchen wir es doch einfach mal am Beispiel **Bernried!**

Aus dem Feldversuch ist nichts geworden. Ich habe mich schlicht nicht getraut, es überhaupt ins Gespräch zu bringen und mich hinter der ungünstigen Situation zurückgezogen, dass ja in zwei Monaten in Bayern Gemeinderats-Wahlen stattfinden würden und damit in Bernried mit Sicherheit ein neuer Bürgermeister ans Ruder käme, da der alte nicht mehr kandidieren wollte.
Statt dessen kam ich auf die Idee, als eine Weiterfüh-rung des Themas noch ein kleines Buch dazwischen zu schieben, in dem ich etwas gegen den Verfall der Freu-de am Leben in der Gesellschaft angesichts der inzwi-schen immer stärker um sich greifenden Corona-Pandemie zu tun gedachte. Dies nahm dann kurz da-rauf mit dem nächtlichen Besuch des Boandlkramers Gestalt an.

Pandemisches Panoptikum:
Brief zum Buch „*Bernried und die Glücklichen Umstände*"

Liebe Freunde und Gefährten,
eigentlich gäbe ja es hier in Bernried wieder etwas zu feiern, denn vor neunhundert Jahren wurde es erstmals urkundlich erwähnt. Und da man in Bernried gern feiert, waren auch schon seit langem Vorbereitungen für eine Festwoche in der ersten Juliwoche im Gang. Doch aus dem fröhlichen „Friede, Freude, Eierkuchen" hat Corona „Pustekuchen" gemacht, um es einmal etwas salopp zu umschreiben. Und schon sind die geplanten Festreden und -sträuße vom rauen Pesthauch verblasen, so dass man sich noch nicht einmal an der Pestkapelle, die aus alter Zeit direkt neben Stephans Haus steht, zu einem „Lätitzl" treffen könnte, um in einem fröhlichen Beisammensein die ganze Corona „abischwoabn" zu können. Ja, dieses schöne altbayerische Wort „Lätitzl" ist eine Art Ausgrabung von mir, das in meinem Verständnis unbedingt zu Bernried gehört, also ein Grund, warum ich mein Buch von den „Glücklichen Umständen" auch jetzt schon herausbringen will. Wahrscheinlich werden die meisten Leser entdecken, dass in Lätitzel, Freude, Fröhlichkeit steckt. Leider habe ich es nicht in mein Buch eingebracht, da stand Corona eben noch nicht als Gespenst hinter der Tür. Jetzt ist es aber zu spät, oder euphemistischer gesagt: für ein zweite Auflage noch zu früh. Nur ein kleiner Hinweis sei erlaubt: viele von Euch werden sich an die Figur des „Kleinen Königs" erinnern,

der da an meinem 80sten Geburtstag auftrat, um seine Botschaft von der Freude zu verbreiten,

„Froh zu sein bedarf es wenig, und wer froh ist, ist ein König!"

Ich denke, dass Ihr von „Lätitzl" wie ich den Kleinen König getauft habe, und Laetitia, meiner geliebten Dorfschönheit noch hören werdet, wenn die ungeliebte Corona sich, hoffentlich ohne Schaden an Leib und Seele anzurichten, verzogen hat. Das Jubiläum ist ja nur auf 2021 verschoben!

*Damit sind auch schon meine guten Wünsche für Euch angesprochen: alles Gute, bleibt gesund und **vergesst die Freude nicht**, denn sie ist der edelste Grund unserer Existenz: **Freude haben und schenken**! Daran vor allem möchte ich mit meinem Buch in diesen schweren Zeiten erinnern. Viel Vergnügen!*

Manfried Fischer
Bernried im Mai 2020

Gemeinderat Bernried:
1. Konstituierende Sitzung am 12.5.2020
Dankadresse von Manfried Fischer

Liebe Mitbürgerinnen, liebe Mitbürger!

Manche von Ihnen werden mich noch kennen: ich bin der Dorf-Chronist, der viele Jahre das Bernrieder Gemeindeleben begleitet und filmisch dokumentiert hat; von daher habe ich eine recht gute Vorstellung, von was ich hier rede. Dass ich überhaupt reden darf, bedarf allerdings einer Sondergenehmigung, denn eigentlich sieht die bayerische Verfassung kein Rederecht für das Publikum vor. Zwar ist dort festgelegt, dass die Regierungsgewalt vom Volk ausgeht, aber weit ist es damit nicht her, denn außer den paar Kreuzeln alle sechs Jahre ist keine weitere Beteiligung für das Volk vorgesehen.

Nun habe ich mir beim Herrn Bürgermeister eine Ausnahmeregelung erbeten, weil ich das große Bedürfnis habe, dem bisherigen Gemeinderat **im Namen des Volkes von Bernried** den Dank für die in den sechs zurückliegenden Jahren geleistete Arbeit zum Wohl unseres Dorfes zum Ausdruck zu bringen. (Zeit zum Danken sollte schon sein, so titulierte gerade die SZ zu diesem Thema.)

Dazu würde es eigentlich gut passen, wenn dieser Dank zum Zeitpunkt des neunhundert jährigen Jubiläums unseres Dorfes mit einfließen könnte und damit beide Ereignisse gemeinsam gefeiert werden könnten, was ja nun leider nicht möglich ist. Aber auch ohne den Bezug zu der großen Geschichte gibt es viele Gründe, für die Arbeit der letzten sechs Jahre ein großes Danke zu sagen, denn Sie alle werden vermutlich selbst überrascht sein, zu sehen, was sich so alles getan hat und was erreicht wurde.

Ein Chronist hat die Aufgabe, das Geschehen zu beobachten und für die Nachwelt zu dokumentieren. Allerdings verstaubt dann das Ergebnis seiner Arbeit meist irgendwo in einem Archiv, denn die Welt bleibt ja nicht stehen, um das Erreichte in Ruhe zu betrachten und zu würdigen. Umso schöner ist es, wenn dann von Zeit zu Zeit ein Jubiläum die Möglichkeit für so einen besinnlichen Rückblick bietet, wie wir das im nächsten Jahr dann nachholen werden.

Vorwegnehmen darf ich aber schon einmal, dass der Dorf-Chronist auch ein Geschenk mitgebracht hat: nämlich sein Buch mit dem Titel
Bernried und die glücklichen Umstände,
das er als eine Hommage an Bernried geschrieben hat und Ihnen, den Damen und Herren des alten Gemeinderats, zur Erinnerung an die letzte, von Ihnen mitgestaltete Amtsperiode überreichen möchte.
Auf den Inhalt dieser Huldigung kann ich jetzt natürlich nicht eingehen, ich darf nur verraten, dass es eine Liebesgeschichte geworden ist; nur die letzte, der Zukunft gewidmete Seite mit meinen Wünschen bitte ich vorlesen zu dürfen:

Zitat:

Es sei mir erlaubt, meine Wünsche als ehemaliger Seemann in ein maritimes Bild zu kleiden:

*So wie am 1. Mai 1996 der damalige Bürgermeister Walter Eberl bei der Taufe der **„MS Bernried"** als neues Schiff der Starnberger Weißen Flotte die Taufpatin Frau Helma Huber (Ministerpräsidentengattin) beherzt in den Arm nahm und mit einem flotten Wiener Walzer (linksherum, versteht sich) mit ihr über die Schiffsplanken in eine Zukunft hinein getanzt ist, die sich dann als mit so vielen glücklichen Umständen gesegnet erwiesen hat, so mögen die heutigen und künftigen Steuerleute das Schifflein Bernried auch weiterhin souverän und mit Fantasie **auf den Wogen glücklicher Umstände in eine glänzende Zukunft steuern!***

In diesem Sinne wünsche ich allen neuen Gemeinderatsmitgliedern,
allen alten Gemeinderatsmitgliedern, die auch im neuen Gemeinderat wieder dabei sind
und an vorderster Stelle dem neuen Bürgermeister und Steuermann

ein Herzliches GLÜCKAUF!

Pandemisches Panoptikum: Buch IV
Freude. Die Botschaft des kleinen Königs.

Als Autor sehe ich mich jetzt vor die Alternative gestellt, auf eines meiner schon veröffentlichten Bücher zu verweisen, oder es hier neu zu gestalten, in altem oder auch neuem Gewand in meine Katastrophen-Chronik einzupassen.

Nach Eugen Roth, dessen Formulierungen ich zeitlebens in meinen Versuchen als Hinterhofpoet gern und ziemlich hemmungslos „gestohlen" habe – Schreiberlinge aller Klassen sind, wie man weiß, die übelsten Diebe und der griechische Götterbote Hermes deshalb auch ihr Pate -, würde sich da ganz gut die Anfangszeile eignen:

Ein Mensch sitzt kummervoll und stier vor einem leeren Blatt Papier.

Will sagen: Der Autor kann sich nicht so recht entscheiden, oder anders ausgedrückt: der Autor setzt darauf, dass ihn seine Muse schon den besseren Weg weisen wird. Und wer sich mit diesem Autor auch nur ein bisschen auskennt, ahnt wohl schon, dass der Trick mit der Muse auch in Gestalt eines namenlosen Regisseurs, Produktionsleiters oder gar Intendanten daherkommen kann, um der Story durch ihre anonyme Hilfestellung mehr narratives Gewicht zu verleihen.

(Wenigstens in Klammern sei ehrlicherweise gesagt, dass dieser redaktionelle Einschub von einem ordentlichen Lektor vermutlich gestrichen werden würde. Da der Autor aber glaubt, auf dessen Hilfe verzichten zu können, hat er vermutlich dafür auch einen guten Grund. Tatsächlich, so ist es: Was als Göttergeschenk empfangen wurde, sollte nicht als billiges Produkt von der Stange „verwässert" werden! Und genau das sollte nicht passieren, denn es geht ums „Eingemachte", kein Trick 17!)

So, nun kann ich mit gutem Gewissen davon erzählen, was es mit dem Kleinen König auf sich hat.

Der 18. September 2014, der als Tag der Geburt des Kleinen Königs gefeiert werden darf, ist amtlicherseits auch bestätigt als der 80ste Geburtstag des Autors.
Da dieser seine runden Geburtstage traditionell ausgiebig, wenn auch nicht ausschweifend, zu begehen pflegt, war er schon zwei Monate im Voraus auf der Suche nach einem geeigneten – und das meint in diesem Fall speziell: altersgerechten Feier Ort. Diesen fand er durch Hinweise aus seinem Freundeskreis in dem ihm völlig unbekannten *Gasthaus zur alten Post* in Pähl am Ammersee. Die Suche und vor allem die Geschichte vom Fund ist nach Bekundungen aus der Leserschaft recht amüsant in dem Buch geschildert, aber unter der ganz anderen Thematik FREUDE nicht von größerer Bedeutung; der hier wichtige Punkt ist allein die Begegnung zwischen Autor und König, und diese fand als Zwischengang des Probeessens statt.
Hier erlaube ich mir, ein paar Abschnitte aus meinem Buch „Freude. Die Botschaft des kleinen Königs", das

wenige Wochen nach dem Fest erschienen ist, im Originalton zu zitieren.

Zurück in der Wirtsstube fühlte ich mich beim Löffeln meiner Suppe beobachtet: zwei intensive grüne, runde Augen waren von der Fensternische her auf mich gerichtet. Sie gehörten zu einer bunten Plastikfigur, die in der Nische stand, allerdings die ihr anhaftende königliche Würde nicht sofort erkennen ließ. Vor dem Fenster, durch das das helle Sonnenlicht von hinten auf sie fiel, erschien mir das Gebilde wie ein Leuchtturm, auf dem ein kleines, rotgekleidetes Männchen einen gerade so ausreichenden, wenn auch sicher nicht sehr bequemen Platz gefunden hatte; seine dezent leuchtende Goldkrone entging mir erst einmal. Dafür konnte ich feststellen, dass in den Fuß des Leuchtturms eine Botschaft in großen schwarzen Lettern eingeritzt war.

Nun üben Bilder mit Text seit jeher auf mich eine ganz bestimmte Faszination aus. Das mag noch ein Relikt aus der Bilderbuch-Zeit sein, vielleicht aber auch eine gewisse Unsicherheit im Umgang mit Kunst und ihrer Deutung, die meinem Wunsch nach Eindeutigkeit der in ihr enthaltenen Botschaft im Wege steht. Denn in meinem Verständnis kommt Kunst nicht von Können, sondern von künden. Jedenfalls war mein Interesse geweckt und ich stand auf, um die Schrift aus der Nähe zu entziffern:

Froh zu sein bedarf es wenig, und wer froh ist, ist ein König.

Darunter: U. Völkl – Fischer.

Der kurze, aber inhaltsreiche Kanon war mir seit Kindesbeinen vertraut, wir hatten ihn oft und gern in unseren Pfadfinder-Gruppenstunden gesungen. Der Name darunter war zweifellos der Name des Künstlers. Auf einem seitlich angeklebten Schildchen stand außerdem der Titel der Plastik: Der kleine König.

So weit, so gut. Dass der kleine König eine Rolle für mich und meinen Geburtstag spielen könnte, kam mir in diesem Moment immer noch nicht in den Sinn.

Nun, lieber Leser, ich kann mir schon vorstellen, wie Du jetzt langsam etwas unwillig den Kopf schüttelst und wissen möchtest, was ich mit meiner Erzählung vom kleinen König eigentlich im Schilde führe. Die Frage ist durchaus berechtigt, und sie wird auch noch zu erörtern sein. Vorläufig liegt mir am Herzen, Dich zu sensibilisieren und auf eine Serie von seltsamen Zufällen hinzuweisen, die mit der Begegnung mit dem kleinen König begann und eine Fülle von weiteren Berührungspunkten nach sich zog, so dass ich unwillkürlich die Frage stellte, wer denn jetzt da die Regie übernommen habe, denn einen Eventmanager hatte ich doch gar nicht engagiert! Gab es vielleicht hinter den Kulissen eine „Königs-Lobby", die die Fäden zog? War ich selbst eigentlich noch der Entscheider oder gab es da noch eine andere Instanz, die mich mit Macht in diese Ecke bugsieren wollte? Und wenn ja, welche Interessen hatte sie dann? Bisher glaubte ich eigentlich fest daran, mein eigener Manager zu sein, „meines eigenen Glückes Schmied", und jetzt fühlte ich, dass mir das Heft so

*langsam aus der Hand genommen wurde. Ging das al-
les noch mit rechten Dingen zu?*

*Seltsame Fragen standen da nun plötzlich im Raum
und erforderten eine Antwort, meine Antwort.*

Wieder eine weitgehend schlaflose Nacht.

*Noch war ja keine Entscheidung gefallen, wo und wie
ich meinen Geburtstag begehen würde. Übrigens habe
ich nichts gegen mehr oder weniger schlaflose Nächte.
Die damit verbundene geistige Rollkur hat bei mir noch
fast immer dazu geführt, der Lösung eines Problems
näher zu kommen. So ging ich auch in dieser Nacht
noch einmal die bisherigen Ergebnisse durch und versuchte, die einzelnen Punkte etwas detaillierter zu bewerten. (.....)*

*Ist ein Problem erst einmal vom Tisch, erscheinen die
anderen Fakten meist in neuem Licht. Es wurde mir so
langsam bewusst, dass ich mit dem kleinen König auf
dem Leuchtturm und seinen Kanon-Text eine „Frohbot-
schaft" in der Hand hatte, wie ich sie von Anfang an gesucht hatte. Denn mit einem Mal erschienen Goethe
und sein Schatzgräber auf der nachtschwarzen Bühne:
„Tages Arbeit, abends Gäste, saure Wochen, frohe
Feste", war das für uns nicht auch ein ganz wichtiges
Lebensmotto gewesen, das wir selbst in harten Zeiten
durchgehalten und das auch uns durch getragen hatte?
Auf meiner Bühne gesellten sich zu Goethe dann auch
noch Schiller und Beethoven und die Ode an die Freude, die mir zugegebenermaßen oft ein wenig zu he-
roisch in den Ohren geklungen hatte – was kann man
schon mit dieser Tochter aus Elysium anfangen, wenn*

*Elysium nur noch zu einer leeren oder wenigstens verblichenen Worthülse verkommen ist? – jetzt erwachte sie zu neuem Leben, der Götterfunke brach sich Bahn und die Wucht des alten Menschheitstraums, **alle Menschen werden Brüder** entfaltete seine paradiesischen Verheißungen, so dass mir schier die Tränen kamen. Ja, der kleine König hatte mich mit seiner Botschaft reich beschenkt und es war mir nun klar, dass ich dieses Geschenk weitergeben wollte, ja, musste. Der Königsweg für meinen Achtzigsten war also gefunden.*

Das Fest selbst, ein rauschendes, aber auch besinnliches, will ich hier nicht weiter beschreiben. Der Kleine König, den ich für mich nun mit einem Großbuchstaben schreibe, steht seither etwas verloren auf dem Kaminabsatz im Wohnzimmer, seine Botschaft ist verstummt, ja genaugenommen nach dem Fest nicht mehr zur Geltung gekommen.

Und nun sitze ich da mit dem heißen Wunsch, ja, auch mit einem etwas halbseidenen Auftrag eines gewissen Boandlkramers, etwas für die Freude und ihre Geltung in der Welt zu tun. Hat mir da nicht wieder so ein anonymer Helfer ein Puzzlestück für mein Lebensmotto-Bild in meinen Baukasten geschmuggelt, und zwar schon fünf Jahre, bevor es nun entdeckt, gewürdigt und eingesetzt werden kann? Da kann man sich ja nur noch hinknien, sagt man gern am Theater zu so einem „exorbitanten" Ereignis. Chapeau dem Leben!

Das Leben hat aber meist noch einen Trumpf im Ärmel, um „noch einen draufzusetzen", sich selbst zu toppen, wie man heute so formuliert. So kann ich gar nicht anders, als noch davon zu berichten, was weiterhin geschah. Dazu zitiere ich noch einmal aus dem *Kleinen König*.

Auch ein wunderbares Fest ist irgendwann zu Ende. Auch ein noch einigermaßen nüchternes Geburtstagskind weiß trotz aller Glücksgefühle, dass die Ernüchterung kommen wird. Der emotionale Abstieg ist sozusagen im Preis inbegriffen. Vier Wochen gingen ins Land, ein wahrhaft goldener Oktober feierte sein orgiastisches Fest. Nur meine Muse ließ nichts mehr von sich hören.

Irgendwie hatte ich darauf gehofft, meine Geschichte mit dem Kleinen König werde noch eine Fortsetzung erfahren, sie könne und dürfe nicht einfach so verklingen. So überraschend und gleichzeitig zwingend sie begonnen hatte, so sehr verlangte sie in meiner Vorstellung nach einem über das Fest hinausgehenden Abschluss, ja wenn man so will, nach einer einem König gebührenden Krönung.

Die von den festlichen Ereignissen verbliebenen Spuren an Film- und Fotomaterial erwiesen sich eher als enttäuschend, waren bei aller technischen Brillanz doch nur Fest-Splitter, für eine überzeugende Dokumentation und Nachlese unzureichend und blass. Die Freude, die ich mit meinem Fest zu stiften beabsichtigte, war kein bleibender Weggenosse und dem Alltag nicht lange gewachsen – was ließ sich schon gegen diesen übermächtigen Gegner ausrichten?

„Das Müslein hat wieder vorbeigeschaut", so sagte ich heute vergnügt beim Frühstück zu Marianne. *Sie wuss-*

te damit nicht viel anzufangen, denn Müslein als kleine Muse zu identifizieren, das war doch ziemlich viel verlangt, obwohl sie schon so einige sprachliche Kapriolen ihres Mannes zu verdauen gewohnt ist. Dabei stand das Müslein, besser gesagt ihr schier unübersehbarer „Wink mit dem Zaunpfahl" schon eine ganze Weile vor uns auf dem Tisch; wie so oft hatte ich aber nicht darauf geachtet. Doch irgendwann fiel der Groschen.

Unsere Kinder hatten in ihrem Beitrag zum Festprogramm eine fulminante Fotomontage zusammengebastelt. Sie bestand aus einer musikalisch hinreißend untermalten Diaschau mit Bildern aus meinem Leben. Der etwa halbstündige Beitrag begann mit einem Bilderrätsel, in dem die Zuschauer herausfinden sollten, welches Foto aus einer größeren Auswahl von Babybildern den heutigen Jubilar darstellt. Diese Aufgabe wurde auch von den meisten Gästen richtig gelöst und als Bestätigung wurde die entsprechende Aufnahme nun als Foto auf der Geburtstagskerze mit der „80" aufgeklebt und auf den Geburtstagstisch gestellt. Die Aufnahme zeigt mich als etwa Einjährigen auf dem Töpfchen sitzend. Meine Mutter hatte sie in ihr Tagebuch geklebt und mit dem Titel versehen: „vergnügt auf dem Thron". Nun, vier Wochen nach dem Fest, stand diese Kerze, leicht verbeult und schon ein ganzes Stück heruntergebrannt, auf unserem Esstisch. (.....)

Dieser Beitrag zu meinem Geburtstag war eine überwältigende, emotionsgeladene Sturzflut mit dem unter die Haut gehenden Titel: das war mein Leben...

Jetzt, als ich dessen Startbild auf der Kerze noch einmal in Ruhe und sehr nachdenklich ansah, bekam es erst seinen richtigen Bezug zu mir, und zum ersten Mal entdeckte ich in meinem Konterfei auch den Kleinen König wieder, unbeschwert auf dem Throne sitzend, mit einem fröhlichen Lachen auf dem Gesicht. Freilich fehlte dem kleinen Häwelmann, wie ich mich nach der Hauptperson in Storms Märchen gern sah, die Krone, aber das tat der Sache keinen Abbruch, der freche blonde Haarschopf war da ein fast gleichwertiger Ersatz.

War in meinem Kinderbild vielleicht schon unsichtbar eine wesentliche Lebenslinie nach dem Motto „Muttis Sonnenscheinchen" angelegt, die mir der Kleine König nun bewusst machen wollte? Welche Rolle spielte die Freude, das Freudemachen in meinem Leben? Die Linie lässt sich leicht verlängern: bei den Pfadfindern wandelte sie sich in den verpflichtenden Wahlspruch: „Jeden Tag eine gute Tat", später in das Gelöbnis: „Ich dien". War nicht für mich als Steuermann im Beruf und erstrecht auf See die Freude ein vorrangiges Ziel gewesen? Auch das Schreiben gehört ja in diese Grundlinie des Freudemachens hinein.

Ich will dieses Sinnbild der Freude und des Freudebringens hier nicht weiter ausspinnen, kann es aber durchaus als Webmuster immer wieder aufscheinen sehen in meinem vielfältigen Lebensteppich. Und ich empfinde es ganz deutlich, es war und ist für mich ein starkes Motto, das mich nun als alten Mann selbst mit Freude erfüllt und glücklich macht.

War mir deshalb der Kleine König zugedacht worden? Die weit heruntergebrannte Lebenskerze vor mir auf dem Tisch war da mit einem Mal zu einem Symbol, zu einer Antwort geworden.

Doch ich fühlte, dass meine Muse noch da war und mich noch einen Schritt weiter begleiten wollte.

Nach einigem Nachdenken fiel mir ein, dass es da noch eine Episode gibt, die ich erzählen sollte (.....) doch dazu muss ich etwas weiter ausholen.

Die Geschichte spielt in Dänemark und man schrieb das Jahr 2002. Christoph Jensen hatte gerade in einer wunderschönen Zeremonie am Nordseestrand unsere Tochter Veronica geheiratet und wir verbrachten alle zusammen noch ein paar schöne Tage am Meer.

Der Tag vor dem Abschied hatte mit einem atemberaubenden Abendrot geendet, wie es wohl nur im Norden, nicht allzu weit vom Nordkap entfernt, zu sehen ist: eine Orgie von Farben, die kaum zu schildern ist. Gebannt standen wir alle am geruhsam plätschernden Öresund und konnten uns nicht satt sehen am himmlischen Schauspiel. Als dann die letzten Strahlen des Spektakels von der sternenklaren Nacht verschlungen waren, hatte unsere jüngste Tochter Claudia noch eine Überraschung bereit: den Start eines kleinen Heißluftballons. Dieser wurde entfaltet, der Docht des Brenners entzündet, das illuminierte Gefährt noch mit allen guten Wünschen für das Brautpaar vollgepackt und zum Himmel geschickt.

In der fast windstillen Nacht stieg der Ballon immer höher, wurde dabei immer kleiner, und es war, als spreche *er zu uns.; es war für mich, der ich das Geschehen film-te, ganz deutlich zu sehen: eine kleine Schaukelbewe-gung des Ballons bewirkte, dass die helle Flamme in dem Gefährt für Sekundenbruchteile klar zu sehen war, kurz verschwand, um wieder neu zu erscheinen. Es sah so aus, als ob der soeben getankte gute Geist in dem Ballon uns noch etwas zurufen wollte, doch die Worte waren nicht zu verstehen.*

In mir rief diese optische Täuschung, der wir erlegen waren, eine seltsame, unbeschreibliche Gemütslage hervor, die mich noch lang beschäftigte. Und noch heu-te, wenn ich diese Szene im Film sehe, bin ich ergriffen von der leider unentschlüsselten Botschaft des Ballons, dessen kleines Licht noch eine Weile mit dem Strahlen der Sterne zu konkurrieren suchte, schließlich aber im Sternenmeer versank.

Die Erinnerung an diese seltsam mystische Licht-erscheinung mit der rhythmischen Begleitung durch das nächtliche Meeresrauschen in Dänemark hatte sich also in meinem Traum mit dem Kleinen König verbunden, der mir nun offenbar ebenfalls etwas zurufen wollte. Oder waren es gar keine Worte, sondern nur ein helles Lachen? Dann, vor wenigen Tagen fiel es mir wie Schuppen von den Augen: diese Traumszene war doch ganz deutlich eine Parallele zu der Schlussszene von Exupérys Kleinem Prinz!

Prompt bekam ich dafür zwei Tage später eine un-erwartete Bestätigung, bevor ich überhaupt dazu ge-kommen wäre, selbst noch einmal die fragliche Szene im Kleinen Prinzen nachzulesen. Bei den Todesanzei-

gen in der Süddeutschen Zeitung fand ich sie gestern sozusagen speziell für mich abgedruckt und ich gebe sie hier deshalb auch als Foto wieder.

Der Text lautet:

Wenn Du bei Nacht in den Himmel schaust,
wird es Dir sein, als leuchten die Sterne,
weil ich auf einem von ihnen wohne,
weil ich auf einem von ihnen lache.
Du allein wirst Sterne haben,
die lachen können.
Und wenn Du Dich getröstet hast,
wirst Du froh sein, mich gekannt zu haben.
Du wirst immer mein Freund sein,
Du wirst Lust haben, mit mir zu lachen.
Und Du wirst manchmal Dein Fenster öffnen,
gerade so zum Vergnügen
Und Deine Freunde werden sehr erstaunt sein
wenn sie sehen,
dass du den Himmel anblickst und lachst.
Dann wirst Du sagen:
„Ja, die Sterne,
die bringen mich immer zum Lachen."

Ist der Sinn der mir geschenkten Geschichte mit ihren verschlungenen Bildern und dem so überzeugenden harmonischen Schluss-Akkord also etwa: **Aufstieg zum Himmel bedeutet: Lachen, Freude und Königtum?**

Damit hat nun die Geschichte vom Kleinen König einen, wie ich meine, krönenden Abschluss gefunden.

Ich weiß nicht, wie es Dir, lieber Leser, (eine veraltete Formel, die ich eigentlich nicht mehr verwenden wollte, doch wenn sich die Emotionalität schier in Bächen Bahn bricht, suche ich doch immer wieder das Gespräch mit dem Leser!), wie es Dir also ergeht, wenn Du Dich mit einer solchen Fülle an „Seltsamkeiten" konfrontiert siehst, schlägt sich da auch bei Dir die Verwunderung über dieses „Gefügt-Sein" in dem berüchtigten „Aufstellen der Nackenhaare" oder einer anderen körperlich spürbaren Reaktion nieder? Vermutlich geht da wieder meine Fantasie und der Glaube an die Existenz von „sprachloser Verständigung" mit mir durch; vielleicht sollte ich bei meiner nächsten Erdenreise bei den Aborigines anheuern, wenn es die dann noch gibt, denn die können sich offenbar auch ohne Sprache unterhalten!

Noch einmal „Jubiläum"
Ein Entsorgungsproblem

Wenn ich jetzt aus der Vorstellung der ganzen Zauberei des großen Zampano in meinem Leben noch eine kleine Geschichte anfüge, so bin ich das dem Thema „Jubiläum" schuldig, das ja schon am Anfang meiner Kuriositäten-Schau einigen Raum beansprucht hat. Es geht da nun allerdings nicht um das ganz große Kino, sondern eher um eine amüsante Pointe zum „Abspannen".

In einem früheren Kapitel hatte ich schon fast ungebührlich lang darüber berichtet, welch große Bedeutung bei meinem ehemaligen Arbeitgeber Siemens dem an sich eher randständigen Thema „Firmen-Jubiläum" zugemessen wurde. Aber da das Jubeln sozusagen der Zweck der Freude-Übung ist, muss es jetzt auch zu Ende gebracht werden.

Wo war ich stehen geblieben? Ach ja, der Name Gössinger, mein erster Siemens-Kollege, mit dem ich ein Referat, ein Zimmer und eine Schreibdame geteilt habe, schwebt als Anknüpfungspunkt sozusagen noch unerlöst in der Luft. Er war ja dann kurz nach seinem Dienstjubiläum in Pension gegangen und damit für mich von der Bildfläche verschwunden.

Inzwischen sind genau sechzig Jahre ins Land gezogen, da bringt mir mein Sohn, der hier um die Ecke wohnt, in einer Plastiktüte einen „ausgemusterten Entsorgungsartikel" in Gestalt eines dicken Fotoalbums mit einem schönen Gruß von Herrn Gössinger mit der Bemerkung, das Album sei noch von seinem Vater und da dieser schon lange tot sei, wolle er jetzt die letzten Besitztümer endlich entsorgen, und in das Album von dessen Jubiläum schaue ja doch keiner mehr hinein; vielleicht hätte ich als ehemaliger Kollege seines Vaters noch ein Interesse an der Dokumentation aus alten Zeiten.

Irgendwann hatte ich den Sohn Gössinger , der hier in Bernried in der Nachbarschaft wohnt, gefragt, wie er hier hergekommen sei und erfuhr, dass sein Vater sich nach seiner Pensionierung in Bernried niedergelassen habe. Er wiederum habe in einem meiner Bücher gelesen, dass ich mein Arbeitsleben bei Siemens verbracht habe und da sei er auf die Idee gekommen, mir das so liebevoll gestaltete Jubilar-Album seines Vaters zu zeigen, denn man könne es ja kaum übers Herz bringen, ein solches Dokument einfach auf den Müll zu werfen.

Ja, so schließt sich der Kreis auch für mich, denn mein Siemens-Leben begann sozusagen mit einem Jubiläum, und von genau diesem Jubiläum habe ich nun ein Prachtstück als ein Paradebeispiel in der Hand, mit dem das Thema, was mich wie schon gesagt bei Siemens immer begleitet hat, als „Indizien-Beweis".

Dennoch kann ich die Akte „Jubiläum bei Siemens" noch nicht schließen, denn auch in diesem Punkt steht noch eine weitere Steigerung aus, an der ich nicht vorbeigehen kann, ohne sie wenigstens kurz Revue passieren zu lassen.

Licht im Dunkel:
Auf zu neuen Ufern

Am 28.6.2020, dem Tag nach dem 61. Hochzeitstag, steht in meinem Zettelkasten:

Licht im Dunkel. Gestern spektakulärer Regenbogen, sicher eine halbe Stunde lang; doppelt, mit spiegelverkehrtem zweiten; auffallend senkrecht, nur der Ansatz sichtbar, als ob der Bogen direkt aus dem Himmel käme, eher wie ein Tornadorüssel; genau zu der Zeit, in der ich mit Marianne am Hochzeitstag zum ersten Mal "richtig" zusammengekommen bin! Veronicas Zeugung höchstwahrscheinlich. Jetzt ist M. schon fast drei Jahre "im Himmel".

Der Bogen stand für meine Augen – ich saß auf der Terrasse an der Wand – direkt über dem Opalisk in meinem Garten, mit seiner goldenen "88 - Lemniskate" auch in der Dunkelheit durchaus erkennbar leuchtend. Und er platzte schier in seiner Pracht und Üppigkeit: Licht vom Himmel...

Tatsächlich tappe ich seit Monaten im Dunkel herum, literarisch jedenfalls.

Das Projekt "Bernried und die glücklichen Umstände", also meine Hommage an Bernried zum 900jährigen Jubiläum, ist abgeschlossen und wird ganz gut in verschiedenen Bernrieder Geschäften verkauft, ein entsprechender Artikel darüber ist am 12.6. in der SZ erschienen. Das Echo aus dem Leserkreis ist dürftig, da, wo es zu mir dringt, allerdings sehr positiv bis überschwänglich. Aber damit ist mein Beitrag zu Bernrieds Fest erst einmal geleistet, inhaltlich, aber doch weit darüber hinaus gewachsen. Ich sagte schon zu meiner Tochter Veronica: es ist eigentlich **eine Ode an die Freude, eine Hommage an das Leben** geworden.

Gern möchte ich auf diesem mir wie ein Regenbogen zugedachten Lichtstrahl noch weiter reiten (oder aufwärts klettern) **zur Freude**, die mein Thema bleiben wird und ja auch so dringend in dieser aus dem Gleichgewicht geratenen Zeit herbeigesehnt wird. Alles scheint aber, wenn denn das Virus wieder abgeebbt ist, so weiter gehen zu wollen und zu sollen, wie es davor war. Nur selten erheben sich Stimmen, die nach einer Änderung rufen, die Krise als ein Zeichen verstehen, dass sich etwas ändern muss. Die Frage, die mich schon seit längerem, weit vor Ausbruch der Pandemie umtreibt, ist aber, ob diese unsere Menschheit zu einer Änderung fähig ist. Diese könnte ja nur auf dem Gebiet des menschlichen Zusammenlebens, also der "Sozialkompetenz", liegen, was schlicht bedeutet, dass der Riesenbrocken "Egoismus" aus dem Weg geräumt werden muss. Wenn aber der Präsident der USA das Gegenteil davon mit seinem lauthals ausgerufenen *Amerika at first* verkündet und unwidersprochen die Welt regieren will, dann bleibt nur eine Hoffnung: dass er nicht wiedergewählt wird, sich so eine Chance für eine entschlossene Umkehr ergibt und ein gedeihliches Überleben möglich wird.

Neben diesen massiven Sorgen bewegt mich die Frage, was ich noch beitragen kann zum Thema Freude, zur

Hoffnung auf globale, aber auch meine individuelle Entwicklung zum Ganzen, zum Ziel der Evolution, zu den biblischen und esoterischen **Versprechungen von HEIL.** Sie sollen doch bitte nicht auf dem Niveau von Wahlreden stecken bleiben, sondern ein **wirkliches Happy End** sein! Kann man darüber heute überhaupt sprechen, darf man davon träumen?

In dieser Zeit der Verunsicherung bleibt mir erst einmal als mich erfüllende „Botschaft aus der kosmischen Redaktion" der Anstoß, der für unser Dasein zerstörerischen Corona-Krise als literarischen Kontrapunkt **eine positive Botschaft der Freude** gegenüberzustellen. Diesem, in verschiedener Form von Träumen an mich herangetragenem Appell versuche ich nachzukommen, indem ich mein Leben durchforste, um Versatzstücke für eine solche, die Stimmung aufhellende Gegendarstellung zu sammeln. Das bietet mir gleichzeitig eine gute Gelegenheit zu einer Art Zwischen- oder auch Abschluss-Bilanz meines Lebens, die sich für mich selbst fast überraschend als höchst positiv herausstellt. Einer Generation angehörend, die das Glück hatte, in einem der längsten friedlichen Abschnitte der Prosperität in der Geschichte Mittel-Europas zu leben, in der ich dazu auch noch selbst durch viele günstige Umstände profitieren konnte, hoffe ich damit möglichst viele Zeitgenossen davon überzeugen zu können, auch weiterhin voll Zuversicht der Zukunft entgegenzugehen und sie, soweit möglich „nicht vor die Hunde gehen" zu lassen, noch haben wir unsere Zukunft weitgehend selbst in der Hand!

So habe ich in den letzten zwei Wochen auch intensiv über meinen Abschied von der Welt nachgedacht, der der Abschied von *meiner Welt* sein soll. Natürlich soll er mein Leben enthalten und meine Überzeugungen gebündelt - möglichst in einem Satz, einem Wort gar, wiedergeben, und ich habe auch einen verheißungsvollen Ansatz gefunden. Da ich mein Leben als Reise auf diesem Planeten betrachte, sehe ich mich vor allem als Segler, denn das war eben mein Vehikel dafür. Und als solcher hieß meine Losung immer: auf zu neuen, unbekannten Ufern. *Inselsammeln* habe ich mein Hobby ja gern selbst genannt. Das möchte ich in einem wahrscheinlich letzten Buch noch einmal aufgreifen und vertiefen. Warum sollte das nicht auch in meiner Todesanzeige zum Ausdruck kommen: **auf zu neuen Ufern**? Irrtum ist in diesem Leben nie ausgeschlossen, also auch in dieser letzten Botschaft durchaus möglich. Trotzdem sollte ich mich nicht scheuen, dies eben als letzte Botschaft wie eine Fahne hochzuhalten, denn es gibt nichts zu verlieren, schlechtesten Falls bleibt das, was heute schon die Mehrheit aller Menschen erwartet, das Nichts. Doch das halte ich für extrem unwahrscheinlich. Aus heutiger Sicht also:

NACH LANGER, GLÜCKLICHER REISE AUF UNSEREM PLANETEN: AUF ZU NEUEN UFERN! (M.F.)

Pandemisches Panoptikum: Buch V.
Empörung im Morgengrauen

Es war einmal, da hat man mir beigebracht, dass man sich zwar empören darf, dass ein gut erzogener Mensch es sich aber nicht anmerken lassen darf, dass er empört ist. Erst mal tief durchatmen, die Ruhe bewahren (besser: wiedergewinnen); und dann? Ja, was dann? Ich bin empört, ja, ich will es sein, die Erziehung ist mir egal! (Da gehört jetzt eigentlich noch ein deftiger Kraftausdruck hin!) Und da ich auch gelernt habe, dass man aus seinem Herzen keine Mördergrube machen soll, lasse ich meiner Empörung Luft und sage es grad heraus: diesen Herrn Trump könnte ich ermorden! Den "Herrn" bitte ich im Protokoll zu streichen, denn er ist keiner!

Falls diese Zeilen später einmal jemand in die Finger kommen, sollte ich dazu bemerken, dass unsere Welt derzeit in der größten Krise steckt, die ihre bisherige Geschichte kennt und niemand sagen kann, wann sie beendet werden kann, ja, ob überhaupt.

Nun kann ich das Vorhandensein dieser Pandemie, die unter dem harmlos, ja eher fröhlich klingenden Titel "Corona" seit einem halben Jahr die Welt erschüttert, nicht so einfach diesem "Trumpeltier" anlasten. Gut, er hat es natürlich nicht verursacht und sicher auch nicht gewollt. Aber inzwischen ist diese Visage für mich mutiert zu dem Gorgonenhaupt, das sich am Ende einer langen und bösen Entwicklung zu erkennen gibt, also eine Inkarnation des Bösen schlechthin. Meine Mutter hätte ihn, so wie vorher Adolf Hitler, eine Ausgeburt der Hölle genannt. Und heute in der Morgendämmerung, als ich wie üblich bei meinen geistigen Joggingübungen im Bett meine nähere Umwelt inspizierte sowie auch die dadurch ausgelöste eigene Befindlichkeit einer kritischen Befragung unterzog, dämmerte mir, zum Glück scheibchenweise, sonst hätten daraus auch schwere gesundheitliche Folgen entstehen können, dass ich mich am Ende eines gigantischen Kulturkampfes wiederfand, den ich mein Leben lang gekämpft habe, ohne dass es mir so recht zum Bewusstsein kam. Und nun plötzlich kam es mir zum Bewusstsein: der Kampf ist verloren!

Diese Erkenntnis, da ich sie nun einmal ausgesprochen habe, verpflichtet mich, sie mit überzeugenden Argumenten zu belegen. Das wird nicht ohne eine gehörige Portion Masochismus zu leisten sein, doch gehe ich davon aus, zu der Geschichte der letzten hundert Jahre einen Beitrag zu leisten, der zwar inhaltlich kaum viel Neues bringen wird, aber für meine Nachkommen einen sehr persönlichen Schlüssel an die Hand geben wird, der ihr Verständnis des Geschehens in klarerem Licht möglich macht; so sie sich dafür überhaupt interessieren.

(Ich denke, dass ich nicht begründen muss, warum ich mein Projekt "Freude" vorerst zurück stellen muss. Weltgeschichte geht eben vor, die "Siemens-Kultur" kann es sicher verkraften, wenn meine Anmerkungen zu dem Thema "Jubiläum" noch eine Weile auf sich warten lassen. Obwohl sie eigentlich zu dem Kulturkampf dazu gehört, genau genommen sogar meine Empörung ausgelöst hat!)

In meinen Alterskreisen wird das Buch von Oswald Spengler "Der Untergang des Abendlandes" sicher noch bekannt sein; es war ein Bestseller, jeder Gebildete hatte es damals gelesen und es wurde heiß diskutiert. In Anlehnung an diesen Titel möchte ich meine eigenen Betrachtungen zu dem angesprochenen Kulturkampf einbringen, die meinen Zeitgenossen sicher weitgehend bekannt sein werden. Infamer Weise sind es für sich genommen meist kleine Randerscheinungen, die erst eine Weile später erkennen lassen, welche Sprengkraft in ihnen steckt.

Am deutlichsten wurde mir die "schleichende Veränderung" da, wo es auch ganz offenkundig zu Tage trat: in der bildenden Kunst. Hatte "Bild" vorher die Bedeutung "Abbilden", und zwar so ähnlich, wie es unsere Augen leisten, so gab es dafür plötzlich eine Maschine, die das so gut konnte, wie die Augen oder sogar noch besser. In meinen Kindertagen war das eine kleine schwarze Box, die sogar meine technisch nicht versierte Mutter spielend handhaben konnte. Die Maschine war auch noch spottbillig, so dass sie sich sehr schnell am Markt durchsetzte, die Maler aber plötzlich in eine Sinnkrise stürzte: abbilden, was unsere Augen zu sehen gewohnt waren, ernährte sie nicht mehr; sie mussten sich etwas anderes einfallen lassen: andere Themen oder mindestens andere Sichtweisen. Bedeutsam daran war im Besonderen, dass Zweifel aufkamen, ob unsere Augen vielleicht gar nicht in der Lage waren, die ganze Wirklichkeit zu erfassen, oder ob es darüber hinaus eine größere Wirklichkeit gäbe, die jenseits unserer sinnlichen Wahrnehmung liegt. Das Bild des Menschen als der Krone der Schöpfung, der allem anderen Wesen ex definitione überlegen war, verlor seinen vorgeblich angeborenen Herrschaftsanspruch und er musste demütig ins Glied zurück treten in der Erkenntnis, nicht die Krone der Schöpfung zu sein. Manche scheinen das aber bis heute nicht zur Kenntnis nehmen zu wollen!

Betraf diese Korrektur an der Wahrnehmungsfähigkeit der menschlichen Sinne noch unsere ganze Rasse, so kam es wenig später wegen eines anderes Unterscheidungskriterium zum Streit, bei dem es um die Andersartigkeit innerhalb der Rasse Mensch geht. Mein Vater hat in seinen Lebenserinnerungen davon berichtet, dass er als Kind im Zoo in Stuttgart noch erlebt habe, wie man dort menschliche Lebensformen in fernen Kontinenten vorgeführt bekommen und als Weltwunder bestaunt habe. Fünfzig Jahre später, als die amerikanischen Truppen als Sieger am Ende des zweiten Weltkriegs in München einmarschiert sind, bestaunte ich als Kind, dass unter den Stahlhelmen echte Sarotti-Mohren Gesichter dabei waren, die aber Münder hatten wie wir, aus denen, wenn sie lachten, weiße Zähne leuchteten; und wenige Tage später merkten wir, dass sie gern lachten und dass die Schokolade aus schwarzen Händen genau so gut schmeckte wie aus weißen Händen. Absolut befremdlich war aber, dass man die "Amis" nicht gehen hörte, wo doch der Marschtritt unserer Soldaten durch Mark und Bein ging. Gewöhnungsbedürftig war außerdem das Gummizeug, dass sie stundenlang kauten, um am Ende dann nicht zu wissen, wie sie es entsorgen sollten, ein Umweltproblem, das wir noch nicht kannten! Überhaupt dürfte dieses Wort damals noch kaum im deutschen Sprachgebrauch angekommen gewesen sein. Und von der Umwelt war damals überhaupt noch nicht die Rede.

Dann hatten sie auch eine andere Musik, die bei ihnen von morgens bis abends AFN plärrte. Für uns junge Leute war ihr Jazz zwar sehr beliebt, aber er war der Tod für das deutsche Liedgut, ja genau genommen für das Singen, wie es Jahrhunderte lang gepflegt wurde. Ersetzt wurde es dann von deutschen Radiosendern durch unverdauliches Gequake, was durch entsprechende Lautstärke ersetzt wurde. Ein Ärgernis und ein Kriegsthema im Generationenkonflikt mehr.

Auch von Film und Fernsehen ist nicht viel Gutes zu berichten: was da so über den Teich schwappte, war eher ein Mittel zur Volksverdummung denn ein wertvolles Bildungsgut. Bei Durchsicht der Akten, die sich zu diesem Thema im Kopf-Archiv angesammelt haben, fällt mir dazu ein kleines Geschichtchen ein, das es verdient überliefert zu werden.

So etwa ab Mitte der 60er Jahre lebte in unserem Sollner Haus ein Schauspieler-Ehepaar, das sehr bald zu lieben Freunden avancierte. Zum Haus: es war uns 1947 von den amerikanischen Siegern sozusagen unter dem Hintern weggenommen, sprich beschlagnahmt worden, was ja seit jeher zu den Rechten der Sieger gehört. Da nicht absehbar war, ob und wann wir es zurückbekämen, unsere Einquartierung in einer kleinen, dunklen und kalten Ersatzwohnung aber die Gesundheit der kränklichen Mutter zu ruinieren drohte, hatten meine Eltern ein neues Haus gebaut und bezogen; just zu diesem Zeitpunkt wurde das alte Haus in Solln an sie zurückgegeben. Nach Renovierung sollte es bis auf Weiteres als Rendite-Objekt dienen. So bezogen es eines Tages die Haussers.

Zu den Haussers: sie waren beide Schauspieler gewesen, hatten erst in Leipzig erfolgreich auf der Bühne gestanden, dann nach den Kriegswirren das Landestheater Passau bespielt, wo er auch Intendant war. Nach Beendigung seines Engagements lebten sie von einem Schwabinger Modegeschäft, das sie aufgezogen hatte. Er hatte gelegentlich noch beim Fernsehen zu tun und hatte auch seine Finger mit im Spiel bei der Installation des zweiten deutschen Fernsehens, das damals seine Produktion in Freimann unter dem Arbeitstitel "Adenauer-Fernsehen" aufnahm. Peter Hausser hatte eines Tages die zweifelhafte Eingebung, dass ich doch der geborene Produktionsleiter für diese Firma wäre und schleppte mich dieserhalb eines Tages nach Freimann zur Vorstellung. Als ich dort auf dieses Casting wartete, zog das von der Probe oder Aufnahme kommende Bühnenvolk an mir vorüber. Offenbar bekam ich so den Bühnenabgang von einer Revue mit, nach meiner Erinnerung waren es als Hasen verkleidete Tanzgirls, die als anerkennende Zugabe vom Regisseur allesamt einen zweifelhaften Klaps auf den Popo mitbekamen.

Damit endete dann auch schon die Vorstellung für mich, denn das war nun wirklich nicht mein Metier und ich verließ mehr oder minder fluchtartig den Ort des Geschehens. Auf diese Form eines "me too-Erlebnisses" konnte ich gerne verzichten!

Diese Geschichte mag aber vielleicht doch etwas von meiner absonderlichen Einstellung ahnen lassen, mit der ich allem, was mit Sex zu tun hat, begegnete. Meine Marianne, die ich schon als blutjunger Hupfer kennen lernte, war für mich der Inbegriff der Seligkeit, die ich als mein ganz besonderes Gottesgeschenk vergötterte. Da kam nichts dagegen an, was ich auch allen Konkurrentinnen, die sich vielleicht Hoffnung auf "mehr" machten, unmissverständlich zum Ausdruck brachte; ich war eben schon vergeben und deshalb nicht an Flirts und "mehr" interessiert. Basta. Der Altar der Liebe war allein ihr vorbehalten. In der Beziehung war ich, um es in einem damals geläufigen Spruch zu sagen: päpstlicher als der Papst. Dass ich mich mit dieser Einstellung selbst zum Außenseiter machte, störte mich wenig, gehört aber ganz wesentlich zu dem Komplex, den ich hier unter dem Stichwort "Untergang des Abendlandes" aufzudröseln versuche.

Also unter dem Strich: billige Unterhaltung, Verflachung und Vernichtung des bisherigen Wertesystems. Dagegen eingehandelt: chewing gum, Kreppsohlen, Amusement und jetzt auch noch "fake news".

Ein namhafter amerikanischer Schriftsteller schrieb damals ein Buch mit dem Titel: "Wir amüsieren uns zu Tode", sein Name wurde viel zitiert, er heißt Neil Postman. Das allerdings war nur als die Oberfläche des erbitterten Kulturkampf zu besichtigen, darunter entwickelte sich eine Dramatik, die erst bei längerem Hinsehen ihre katastrophale Wirkung sichtbar werden ließ: das Land, das als das Land der unbegrenzten Möglichkeiten gepriesen wurde, proklamierte wenig kaschiert einen Lebensstil, der ausschließlich das eigene Wohl als Ziel im Schilde führte und sich auch noch unverschämt provozierend mit dem Slogan "Amerika first" schmückt. Wo bleibt da das Ziel, für das Millionen gekämpft und ihr Leben gegeben haben: Freiheit, Gleichheit, Brüderlichkeit? Ich habe immer gedacht, die Menschheit wäre auf dem richtigen Weg, doch plötzlich geht alles wieder in die falsche Richtung! Und die Hauptfigur im Spiel, der amerikanische Präsident, ist der Exponent der falschen Richtung!

Schon vor zehn Jahren, also 2010 veröffentlichte Stephane Hessel seine viel beachtete Schrift „Empört Euch", die sich vor allem gegen den Finanzkapitalismus und die sich immer weiter öffnende Schere zwischen "arm" und "reich" richtete, in der er die Gleichgültigkeit der Allgemeinheit gegenüber den politischen Verhältnissen als Grundübel anprangerte.

Leider ist meine Philippika damit aber noch nicht beendet, den gestern erst wurde mir mit aller Deutlichkeit bewusst, wie sehr wir Deutschen unsere generationenlang gepflegte Geisteskultur verraten und verkauft haben. Das geschah, als ich in meinem neuen Spiel, über das ich an anderer Stelle berichte, vor meinem geistigen Auge der Erinnerung noch einmal den Kulturkampf im eigenen (Siemens-)Laden im Vorstand durchspielte: Es war eine jahrelange Auseinandersetzung zwischen den Bereichen Finanz und Personal, und es ging letztlich darum, für wen das Unternehmen erfolgreich wirtschaften wolle, für die Belegschaft oder für den "shareholder", also den Aktienbesitzer. Die Schlacht ist geschlagen und der Sieger ermittelt. Habsucht, Geiz und Gier haben sich durchgesetzt.

Es ist wohl nichts mehr daran zu ändern: es kam, wie es schon immer nach einem Krieg kam: der Sieger hat nicht nur den Kampf gewonnen, er bestimmt auch die Regeln des weiteren Geschehens, die Verlierer haben zu akzeptieren und sich zu fügen. Wie schön, dass es sie überhaupt noch gibt! Gesiegt hat also wieder einmal der Egoismus, doch auf diesem Weg ist mit Sicherheit kein Heil zu erwarten. Die Chance war da, aber jetzt stehen die Zeichen erst mal auf Sturm. Meine Hoffnung, dass im Herbst ein neuer amerikanischer Präsident das Ruder noch herumreißen kann, ist gering, denn die Gräben sind so tief, dass selbst in diesen Fall noch viel geschehen muss, bis sich das Land von der Tragödie erholen und gemeinsam zu neuen besseren Zielen aufbrechen kann.

Das wird auch nicht spurlos an der Weltgeschichte vorbei gehen, das wäre ein Wunder, und die sind nicht zu erwarten.

Auch meine Empörung wird daran *mit an Sicherheit grenzender Wahrscheinlichkeit* nichts ändern.

Natürlich war das nicht nur ein Kampf zwischen den Weltmächten USA und Europa, das waren sozusagen nur die vorgeschobenen Spielfiguren; tatsächlich stand und steht die Kultur der Menschheit auf dem Spiel, wenn man will, auch die Daseinsberechtigung unserer Rasse.

Und die Frage, ob nach diesem Spiel, nachdem man demnächst die irdischen Augen einmal endgültig geschlossen hat, noch ein außerirdisches Schauspiel auf uns wartet zu erfahren, wie es mit dem "Experiment Menschheit" weiter geht, ist doch sehr rhetorisch. Es fragt sich sogar, ob dies wünschenswert ist, denn Empörung ist ja auch kein erfreulicher Aspekt. Ich glaube, ich könnte bei aller Neugier, die mich sonst umtreibt, ganz gut darauf verzichten.

Erneute Richtungsänderung:
Wie geht Glück?

Der Knoten ist geplatzt.

Seit einem halben Jahr geht das nun schon so: ich taumle von Nacht zu Nacht, richtiger von Morgengrauen zu Morgengrauen, in neue literarische Abenteuer, alle paar Tage drängen sich neue Gestalten und damit Gestaltungsideen noch vor Sonnenaufgang in mein morgendliches Wachsfigurenkabinett, verlocken mit neuen, immer noch gewagteren Vorschlägen für das Einleitungskapitel meines Buches, oft noch von Schlaftrunkenheit umgeben oder darin auch wieder versinkend, doch immer den Anspruch sehr provokant verströmend, dass es jetzt endlich Zeit wird zum Handeln. Und Handeln bedeutet ganz eindeutig: den Griffel in die Hand zu nehmen und den reichlich versprochenen Einflüsterungen aus dem off zu folgen.

Häufig verspreche ich das auch nach dem Frühstück in Angriff zu nehmen, aber daraus wird dann meistens nichts, weil sich die hilfreichen Geister bis dahin wieder aus dem Staub gemacht haben und meine grauen Zellen die Spuren ihrer Anwesenheit nicht richtig gespeichert haben. Ich habe den Verdacht, dass meine seemännische Vergangenheit dazu geführt hat, dass mein Denk- und vor allem Speichervermögen verdorben ist durch die Tatsache, dass Wasser Spuren nicht länger als ein paar Augenblicke festhalten kann. Es kann aber einfach auch eine Alterserscheinung sein, die irgendwo zwischen den Ritzen des Erlaubten hervorgekrochen ist.

Vielleicht ist das aber auch eine genetische Barriere, die vor geistiger Überforderung bewahren soll. Tatsache ist jedenfalls, dass ich inzwischen schon mehr als eine Hand Finger hat, an Eröffnungsvarianten für mein neues Buch vorweisen kann, manche auch durchaus brauchbar, die alle aufs heftigste miteinander konkurrieren, aber ohne jede Stringenz oder gar Kohärenz erkennen zu lassen.

So hat sich langsam ein Knoten geschürzt, der mich zur Verzweiflung trieb und ich schon erwog, nach dem berühmten scharfen Schwert des Alexander des Großen zu fahnden, mit dem er den Gordischen Knoten zerhieb.

Und tatsächlich: der Knoten ist über Nacht geplatzt, genauer im Verlauf von zwei Tagen, und zwar durch den Hinweis eines Freundes auf einen Vortrag eines mir bis dahin unbekannten Herrn Gerald Hüther, seines Zeichens Professor für Neuro-Biologie über neue Erkenntnisse der Gehirnforschung. Der Titel seines brillanten Vortrags lautete:

Auf der Suche nach dem Glück.

Und genau das war ja auch mein Thema, zu dem ich einen kongenialen Einstieg suchte! Den ich aber bisher nicht gefunden hatte.

Ich glaube, das muss ich anhand einer kurzen Situationsanalyse noch etwas verständlicher machen.

Als erstes sollte ich bekennen, dass ich heute, Ende November 2020, im 87sten Lebensjahr stehe, also in einem Alter bin, in dem es, auch ohne das Wort Corona-Pandemie zu bemühen, auf Verständnis treffen sollte, dass es nicht ganz ungewöhnlich ist, sein Leben zu überdenken. Und was ist die kürzeste Antwort auf die Frage nach dem Sinn des Lebens? Ich vermute, dass eine große Mehrheit der Menschen mehr oder weniger übereinstimmend sagen wird: es ist die Suche nach dem Glück. An einen alten Menschen ist also die Frage zu stellen erlaubt: hattest du ein glückliches Leben? Einmal abgesehen davon, ob diese Frage als Berührung eines Tabus empfunden wird: an sich selbst wird man sie ja noch stellen dürfen!

Einmal weiter gedacht: was ist, wenn diese Frage positiv mit einem eindeutigen "ja" beantwortet werden kann? Wenn man sich die Todesanzeigen anschaut, dann wird man eine solche Aussage nur ganz selten finden. Ich habe die Formulierung "nach einem glücklichen Leben" nur ein einziges Mal in dieser Deutlichkeit gelesen, es ist schon sehr lange her, aber ich weiß noch ganz genau, es war bei einem sehr bekannten Münchner Sport-Reporter, den ich sogar selbst einmal kurz kennengelernt hatte und ihn auch als Reporter sehr schätzte.

Etwas anders sähe es aus, wenn man aufgefordert würde, an einer anonymen Studie teilzunehmen, in der es genau um diese Frage ginge, da würde man sich vielleicht eher trauen, so zu antworten. Jedenfalls dürfte es auch für einen Hirnforscher nicht ganz leicht sein, eine verlässliche Beziehung für so eine Person herzustellen zwischen dem von ihr empfundenen Grad an Zufriedenheit mit ihrem Leben und den Bedingungen, die zu diesem Leben geführt haben.

Eine Aussage über diese Relation wäre aber höchst wichtig im Interesse einer möglichen Verbesserung der Bedingungen, die sich als änderbar erweisen.

Und eben auch eine Antwort zu haben auf die Frage: wie kann man glücklich werden? Noch einfacher: wie geht Glück?

Damit ist nun wohl ziemlich klar, worum es in diesem Buch geht, das ich gern summarisch als mehrfachen Tabu-Bruch bezeichnen möchte:

Es ist ein Lehrbuch, was man aus markttechnischen Überlegungen auf keinen Fall sagen sollte; belehrt will ja heute keiner werden.

Es ist keine Doktor-Arbeit, aber es ist in Teilen von mir bei anderen Autoren „entlehnt".

Es ist ein Buch, das gegen den Frust über eine aus den Fugen geratene Welt geschrieben ist.

Es ist ein Buch, in dem es um die Sonnenseiten des Lebens geht, die Schattenseiten dagegen weitgehend ausgeblendet sind.

Es ist ein Buch, in dem es neben Glück auch um Sterben, Tod und das große Tabu-Thema Jenseits geht.

Und es ist ein Buch, in dem es um Freude geht, in dem also der Humor nicht zu kurz kommen soll.

Ich möchte es gern mit einem Begleit-Titel versehen wie schon mein letztes, das eine Hommage an Bernried, meine neue Heimat, war:

Chapeau an das Leben!

Der besseren Lesbarkeit wegen möchte ich darauf hinweisen, dass ich auf strickte Chronologie verzichtet habe und mich weitgehend davon leiten ließ, wie sich in den Corona-Zeiten die Abläufe ergeben, besser vielleicht: überschlagen haben. Dadurch möchte ich auch erkennen lassen, was für mich „Schreiben" bedeutet: den Anrufungen zu folgen, die an mich heranbranden, die im ersten Aufscheinen Gedanken beinhalten, die nicht die meinen sind, die ich allenfalls nur aus der Flut des vorbeiziehenden Allerleis ausgewählt und miteinander verknüpft habe, wobei ich noch nicht einmal mit Sicherheit sagen kann, dass das Verknüpfen eine originäre Bewusstseins Leistung meinerseits ist. Als Schreiberling neige ich inzwischen zu der Erkenntnis, dass ich nicht viel mehr als der Griffelhalter bin. Das mag vielleicht für manche Leser im Widerspruch zu ihrem Ersteindruck stehen, der durchaus auch als Angeberei gedeutet werden kann. Das kann ich leider nicht vermeiden, wenn ich Autobiographisches, wenn auch durch ein schlechtes Gedächtnis verfremdet, berichten will. Hemingway hat einmal gesagt:

Glück ist einfach eine gute Gesundheit und ein schlechtes Gedächtnis.

Nach dieser Warnung an die Leser wegen der sehr einseitigen Ausrichtung auf das Glück will ich nun das wahre Märchen erzählen, das von einem handelt, der auszog, das Glück zu finden.

Metamorphosen I
Reminiszenzen

Nach der Parabel von Trampeltreu am Faschingssonntag ist es für mich Chronistenpflicht, mich sozusagen selbst an der Nase zu nehmen, um nüchtern festzustellen, dass da keine Nase ist, jedenfalls keine *rote Nase,* wie das sonst eigentlich Narrenpflicht wäre, denn inzwischen schreiben wir den Faschingsdienstag, den 16.2.2021. Und da es ist heute erlaubt zu sagen: es ist ein ganz stinknormaler Werktag, zumindest für einen alten Herrn, der ohnehin Corona-bedingt zurückgezogen in seinem Schneckenhaus lebt und sich mit dem ungemein schwierigen Problem herumschlägt, wie sein irdischer Abgang von der Bühne des Lebens inszeniert werden könnte, denn *the show must go on,* für ihn soll es ja eine Metamorphose, ein **Aufbruch zu neuen Ufern** sein.

Bevor aber diese letzte Metamorphose sich anschickt, die Antwort auf alle irdischen Rätsel preis zu geben, bleibt noch Zeit für die Lieblingsbeschäftigung des Alterns. Da habe ich erst gelernt, dass die Erotik des Alters im Essen läge, doch da war ich wohl noch grün hinter den Ohren, denn mit zunehmendem Alter entwickelte der Kitzel für den Gaumen eine abnehmende Faszination, während sich die Beschäftigung mit den Reminiszenzen als wahres Paradies erwies. Auch einem Hinterhof-Poeten wie mir, der das Spiel mit der Eitelkeit schon mehrfach der Öffentlichkeit präsentiert hat, fällt doch immer wieder das eine oder andere Erlebnis ein, das er bisher vergessen oder jedenfalls nicht so recht „geschmackig" zubereitet hat, um es nicht noch einmal genüsslich zu servieren. So habe ich mit Entsetzen festgestellt, dass ich einen großen Brocken glatt unterschlagen habe, was ich hiermit wieder gutmachen möchte. Ich habe es unter den Titel gestellt:

Leben im Isartal durch ein halbes Jahrhundert

und hoffe, damit meine Fingerübungen für die vermeintliche Berufung zum Dorf-Chronisten nachliefern zu können. Auch dazu sei ein Motto spendiert:

> *Zu Grünwald im Isartal,*
> *glaubt es mir, es war a mal,*
> *da ham edle Ritter g'haust,*
> *dene hat's vor gar nix graust.*
>
> Karl Valentin

Nun, da wir schon einmal bei Karl Valentin sind, der ja bekanntlich ein begnadeter Wort-Verdreher war: In Rimini muss man nicht unbedingt gewesen sein, und ob eine Zenzi im Leben eine Rolle gespielt hat oder nicht, ist auch nicht so wichtig, aber wenn man mehr als fünfzig Jahre im schönen Isartal gelebt hat, noch dazu gegenüber von Grünwald, kommt man an Karl Valentin und seinen *Rittersleut* nicht vorbei. Ich gestehe gar mit Stolz, dass ich ihm so manches seiner Zugpferde gelegentlich ausgespannt habe und viel Freude damit verbreiten konnte; selbst die h*ohen Siemens-Recken* blieben nicht verschont vor dem *Derblecken*. Das ist offenbar altes bairisches Kulturgut!

146

Also sollen in der Chronik ein paar Blätter zurück ge-blättert werden, denn wann sonst, wenn nicht heute am Faschingsdienstag sollten die Auspizien günstig stehen, was gelehrt klingt, aber ganz schlicht zum Ausdruck bringen will: da war doch noch was!

Ein Blick in die Familienchronik fördert als eine vielver-sprechende Ausgangslage zu Tage, dass das Prinzen-paar der Dynastie Fischer einerseits eine von Geburt an feierwütige Rheinländerin, andererseits ein Alpenländer aus München mit Schwabinger Anklängen ist oder war, denn von dem Prinzenpaar ist *leider* heute nur noch eine Hälfte, etwa in der Rolle eines Gruftis, ausfindig zu machen, die Prinzessin noch „*leiderer*" hinter der Wolke sieben zu erahnen, ansonsten aber in vielen Bild-Dokumenten als höchst agile Feiernudel präsent.

Wenn hier vom närrischen Treiben in der zweiten Hälfte des letzten Jahrhunderts berichtet wird, so geht es aus-schließlich um private Feste, die im Fischerschen Keller stattfanden und deren Adresse *Pullacherstraße 17* als Geheimtipp gehandelt wurde. Das ist zwar eine scham-lose Übertreibung, die der Chronist eigentlich nur miss-billigend preis gibt, während er die Bezeichnung „sa-genhafte Feste" gerade noch als zutreffend erklärt.

Von allgemeinem Interesse ist dagegen wohl eine kurze Skizzierung des damaligen Lebensgefühls.

Das Haus im Villenviertel Großhesselohe im Isartal war von meinen Eltern 1952, also relativ kurz nach Beendi-gung des zweiten Weltkrieges, als Zweifamilienhaus gebaut worden. Nach offizieller Lesart hat meine Mutter dem Bau nur unter der Bedingung zugestimmt, dass der

„himmelschreienden Wohnungsnot" durch Schaffung einer Einliegerwohnung für Flüchtlinge wenigstens ein wenig abgeholfen werde; ich habe sie allerdings im Verdacht, dass sie dabei auch schon an ein Nest für den bald heiratsfähigen Sohn gedacht hat. Dem Leser, der vielleicht etwas verblüfft ist, dass es überhaupt möglich war, zu dieser Zeit einen Hausbau zu finanzieren, sei gesagt, dass unser schönes Haus in Solln 1947 von den „Amis" beschlagnahmt worden war und wir nur sehr notdürftig in einem feuchten und dunklen Ersatz untergebracht waren, in dem meine immer kränkelnde Mutter sehr zu leiden hatte.

Im neuen Haus haben die Eltern nach altem Brauch einen üppigen Keller ausbauen lassen, mit allem, was ein schwäbisches „Häusle" damals haben musste, so eine riesige Waschküche, einen Näh- und Bastelraum, auch unter der Bezeichnung „Trinkstüberl" gehandelt, sowie natürlich Heizungs- und Kohlenkeller und zwei Lagerkeller.

Gebraucht wurde davon so gut wie nichts; soweit ich mich erinnere, wurde die Waschküche nie dem angedachten Verwendungszweck zugeführt und bald von den Pfadfindern als Gruppenraum „abgestaubt", die sich gerade in der Pfarrei „Dreifaltigkeit" gegründet hatten; das Abstauben selbst überließ man dabei großzügig den Fischereltern.

Lediglich das Trinkstüberl erlebte eine mehrfache Umwidmung. Angefangen hat es harmlos mit einem Tee-Samowar, dann hieß es Film-Stüberl und Heinz Rühmann zog mit der Feuerzangenbowle ein; die Waschküche wurde zum Tanzraum mit Bar umfunktioniert, wo nach Cola und Apfelsaft erst Danziger Goldwasser reüssierte, dann der Hausherr zum Barkeeper befördert wurde und seinen Ehrgeiz drein setzte, um alles, was der Mixbetrieb nach fachgerechtem Cocktail-Führer an Ingredienzien flüssiger wie fruchtiger und sonstiger Zutaten erforderte, zur Hand zu haben.

Besonders an Faschingsfesten wurde dann auf „Teufel komm raus" geschüttelt, gerührt und gemixt, was meist süffig war und nach „mehr" schmeckte. Nur mir selbst bekam mein neuer nebenamtlicher Beruf anfangs nicht lange, denn ich wollte meinen Gästen nichts kredenzen, was ich nicht selbst probiert hatte, doch bin ich an dieser Fürsorglichkeit meist schneller als gedacht gescheitert, so dass die Party schon kurz nach Mitternacht für mich zu Ende war. Die Flaschen waren allerdings trotzdem am nächsten Morgen meist leer, auch ohne mich.

Der Teufel war übrigens auch einmal selbst im Spiel und nur dank des Eingreifens einer zufällig vorbeifliegenden Staffel von Schutzengeln endete die Party glimpflich. Schuld war eine nicht ordnungsgemäß isolierte Kaffee-Maschine, die ich einmal beim Segeln als ersten Preis bekommen hatte und die einen Gast mit einem vollen Stromschlag fast um die Ecke gebracht hätte.

Der Feste gab es im Verlauf eines Faschings meistens mehrere; am Faschingsdienstag stand jedenfalls ein zünftiger Kehraus mit Begräbnis des Hoppeditz, den unsere Freundin, die Schauspielerin Brigitte Hausser hinreißend zu zelebrieren wusste, als abschließende Pflichtveranstaltung auf dem Programm.

Als kleiner Apercu sei noch erwähnt, dass der Feier-Keller neben Lachen und Weinen auch Abschieds- und Wiedersehensfeste, Verbandelungsszenen, Hochzeits-anbahnungen, in einem Fall sogar mit französischer und deutscher Beteiligung, aber auch Zerrüttungs- und Ehe-Krisen gesehen hat. Auch ich selbst war davon einmal höchst betroffen, denn meine Pfadfinder-Kumpels hatten zu einem Faschingsfest meine Geliebte (und spätere Frau) ohne mein Wissen mittels eines Freiflugs aus Düsseldorf eingeladen. Als sie dann so unerwartet, noch dazu verschleiert vor mir stand, war für mich ebenso wie bei dem Stromschlag der Kaffee-Maschine Strom im Raum, dass es knisterte. Ich rannte aus dem Raum, entledigte mich meines Kostüms als Professor Magentrost, drückte mir eine amerikanische Schlägermütze so halb übers Gesicht und stürzte zu-rück in ihre Arme, in denen für diesen Abend die Welt für mich versank.

Heute ist die Erinnerung an diese umwerfende Episode eine von meinen besonders geliebten Erinnerungsper-len in meiner Nostalgie-Schatztruhe, es knistert aber auch heute noch beim andächtigen Öffnen!

Wenn er denn sprechen könnte, hätte er noch so man-ches zu erzählen, unser Keller! So diente er über Jahre hinweg als Film- und Tonstudio, in dem mehr als 100 Filme produziert, geschnitten und vertont wurden, und das in jeder nur möglichen Technik, angefangen mit bildgenauem Hantieren und Kleben von Zelluloidfilmen über mehrere Bandmaterialien bis zum digitalen Speichern und Verarbeiten zu Beginn des dritten Jahrtausends. Streckenweise ging es dann wieder höllisch zu, jedenfalls, was die Tonlautstärke angeht, denn es bemächtigten sich gleich zwei Profi-Musiker dem gut isolierten Stübchen, allerdings hintereinander, aber beide in erster Linie als Lover für die älteste Tochter beschäftigt; sie selbst war als Tänzerin und Stipendiatin von Merce Cunningham als Gründungs-Mitglied des *modern dance-Ensembles* in München engagiert und ist auch heute bei ehemaligen Kollegen und Kolleginnen noch als Therapeutin geschätzt.

Einige Jahre beherbergte das Kellerstudio eine ganze Welt *en Miniatur im* Wesentlichen als Spielplatz für den Vater zu einer Tageszeit, wo der Sohn Stephan, der als angedachter Nachfolger von *Lukas, dem Lokomotivführer,* schon im Bett war. Hinter vorgehaltener Hand kursierte damals schon der Witz: was ist der Unterschied des weiblichen Busens und einer elektrischen Spieleisenbahn? mit der Antwort: keiner, denn beides sei eigentlich für Kinder gedacht, werde aber vorwiegend von den Vätern in Beschlag genommen.

Ich erzähle die leicht anstößige Geschichte aber aus einem ganz anderen Grund, der mir zu einer absolut unerwarteten Lebenserfahrung verholfen hat: was bedeutet Kreativität?

Das Spiel mit einer Märklin-Modelleisenbahn ist eigentlich gar nicht so faszinierend, das wird jeder, der Erfahrungen auf diesem Gebiet gemacht hat, bestätigen; der Bau der Anlage ist es, dem man regelrecht verfallen kann. Eine kleine Welt mit allem Drum und Dran entstehen zu lassen, ist das Beglückende! Es ist einfach die Erfahrung, Schöpfer sein zu dürfen, und ich gestehe offen, daß ich manchmal gedacht habe: die Welt muss einen Schöpfer haben, denn wenn Freude einer der schönsten Empfindungen im Leben ist, dann wird auch der Weltenschöpfer „menschlich begreifbar". Der für manche Menschen vielleicht schon nahe an einer Gotteslästerung angesiedelte Gedanke ist jedenfalls für mich eine Art Gottesbeweis und ich meine so etwas wie Mitfreude zu empfinden, wenn sich die Wunder-Welt für mich wieder einmal als Verkörperung des Bauprinzips „Vielfalt" präsentiert. Wenn es mir doch möglich wäre, Freude so als Gottesgeschenk transportieren zu können! So ein ganz kleines „bisserl" fühle ich mich manchmal schon mit Herrn Beethoven verwandt...

Metamorphosen II
Das schöne Isartal

Von der Faschingsnase bin ich nun ganz unvorherge-
sehen zu Ovid geschlittert, der mich schon in meiner
Jugend durch seine dichterische Eleganz begeistert hat,
Geschichten zu erzählen, die zunächst anscheinend
nichts miteinander zu tun haben, dann aber ganz viel
von der Welt zu berichten haben und so ein Bild von
dem großen Ganzen zu schaffen. Leider waren seine
Metamorphosen in der Originalsprache erst einmal
schwerer Ballast für den Schüler des humanistischen
Gymnasiums, entschwand mir auch bald, so dass erst
einmal nur sein Beinamen „Naso" und eben die Tatsache hängen geblieben waren, dass er die Metamorphosen hinterlassen hat. Erst jetzt, da ich mich wieder mit
dem Motiv der Verwandlung von einer Gestalt und Form
in eine andere, neue beschäftige, bin ich wieder auf ihn
gestoßen.
*„Neue Gestaltung, in die sich Körper verwandeln, zu
künden, treibt es mein Herz",* so beginnt er sein Werk.
So fühle auch ich mich wohl bei dem Gedanken, dass
auch die kleinen Geschichten aus meinem Leben sich
zu einem Gesamtbild zusammenfügen, bei dem Realität
und Metapher oft fast untrennbar ineinanderfließen. So
setzte ich „getrost" meine Fingerübungen fort, die vielleicht den einen oder anderen meiner Leser ermuntern,
die Melodie weiter zu formen, mit eigenem zu verglei-
chen, im besten Fall Freude und Dankbarkeit zu generieren in der Betrachtung der Reichtümer des Lebens.

Und dies auch als eine Vorübung zu sehen auf die große Metamorphose, die da auf jeden von uns wartet.

(Das „getrost" würde ich gern schon einmal umwandeln in ein „getröstet", dass selbst ein Publius Ovidius Naso eine nun schon ganz beachtliche Zeit als Dichter überlebt hat, obwohl sein Werk unter einem gewissen Odium der Unordnung und Zusammenhangslosigkeit steht. Das lindert das schlechte Gefühl eines Epigonen, selbst zunehmend etwas Schwierigkeiten im Umgang mit der Zeitachse oder mit anderen Alterserscheinungen zu kämpfen zu haben.)

So stoße ich also wieder ab mit meinem Erzählschifflein zu den neuen Ufern, die mein Leben bestimmt und geprägt haben. Auch wenn dabei der Gedanke nicht immer präsent war, dass es dabei um eine Metamorphose gehen werde, so möchte ich doch versuchen, dem Leser ein Bild zu zeichnen, das dem Seemann bei der Ausfahrt gelegentlich geschenkt wird: wenn die Ufer langsam zurücktreten, die Vergangenheit ihre Konturen verliert, nur noch die See und der Himmel einen umgibt, selbst diese ineinander übergehen, die Kimm als Trennlinie dem Auge keinen Halt mehr gibt, Raum und Zeit aufgehoben zu sein scheinen. Wenn es so etwas wie eine kymische Hochzeit gibt, von der die Esoteriker reden, dann hat sie sich in diesem Bild ereignet, vollzogen, ist die Einheit fühlbar geworden. Da können einem dann schon die Tränen kommen…

Metamorphosen III
Noch ein Nachtrag

Als Chronist sehe ich mich verpflichtet, Fakten zu referieren und es dem Leser zu überlassen, diese in sein Deutungsmuster einzubauen. Diese Aufgabe ist in letzter Zeit erheblich schwieriger geworden, seit das immer breiter werdende Informationsangebot, speziell durch die sogenannten sozialen Medien, von Fakten aller Art überschwemmt wird, deren Wahrheitsgehalt praktisch nicht mehr vom Empfänger überprüft werden kann. Was kann man noch glauben, was sind *fake News*, was bewusst gestreute Lügen?

Das Thema ist im Grund so alt wie die Erfindung der Sprache als Mittel der Verständigung. Die Sprachenverwirrung als Folge der babylonischen Hybris ist dabei noch gar nicht gemeint, vielmehr geht es um den ehrlichen Willen, einen Sachverhalt entsprechend einem verbindlichen Wertesystem „sachgetreu" zu übermitteln. Da aber liegt der Hase im Pfeffer, und jedermann wird zugeben, dass es mit der Glaubwürdigkeit immer weiter bergab geht, und das nicht erst seit dem Amtsantritt des letzten amerikanischen Präsidenten!

Diesen Stoßseufzer muss ich einfach loswerden, um meiner eigenen Glaubwürdigkeit eine verlässlichere Basis zu verschaffen, und das hat einen speziellen Grund, denn es geht nun mehr und mehr um Themen, die ganz grundsätzlich so oder so gesehen werden können, je nachdem, ob man als Baustein der Natur nur die Materie gelten lässt, oder man darüber hinaus auch

„übersinnliche Welterklärungen" zulässt. Dies schicke ich voraus, indem ich eine ganz unbedeutende Geschichte erzähle, die mir vorgestern „passiert" ist; und zwar im Zusammenhang mit meinem Grundthema Metamorphosen.

Ein Thema zu haben, ist ja erst einmal eine schöne Sache, und ein Schriftsteller ist in der Regel froh, wenn seine Synapsen, Ganglien und grauen Zellen gut geölt miteinander kommunizieren, um potenziellen Assoziationen auf die Beine zu helfen. Seltsam erscheint es dann aber, wenn aberwitzige Konstellationen sich aufdrängen, sozusagen just in time, die man gar nicht bestellt hat.

So ging es mir gestern. Nach einem ganz erfolgreichen Tag, der Fortschritte in der Arbeit, speziell neue Gedanken zum Stichwort Metamorphosen beschert hatte, wollte ich bei einem zufriedenen Abendessen das Produkt der Tagesarbeit noch einmal auf mich wirken lassen. Erst aber wollte ich noch abwarten, ob das Musikstück, das ich so nebenbei im Radio auf Bayern 2 hörte, nun, wie vermutet, ein „Bela Bartok" gewesen war, dessen Werk ich gern mag, dem ich aber das soeben gehörte Geigenkonzert nicht zuordnen konnte. Aha, kein Bartok, sondern ein Penderecki! Und dann hat es mich fast vom Stuhl gehauen: der Titel des imposanten Stücks: Metamorphosen!

In solchen Momenten überfällt mich eine sonst selten auftretende Sprachlosigkeit: wer steckt da wieder hinter dem Zufall? Man kann meiner Antwort darauf nun folgen oder nicht, aber mit zunehmendem Alter stellt sich mehr und mehr eine Ahnung ein, dass Heisenberg, Einstein und Konsorten mit ihrer Erkenntnis zum Wesen des Kosmos schon recht haben: es hängt alles mit allem zusammen, die Welt erweist sich nicht als eine zu 85% leere Hülle, wir haben bloß noch keinen Mut, anzuerkennen, dass wir erst von 15% dieser Materie sagen können, dass wir sie entschlüsselt haben! Man darf ja auch nicht vergessen, dass die Evolution Zeit braucht, um beispielsweise einen neuen Gehirnlappen im menschlichen Kopf zu erzeugen, den Neokortex etwa, von dem mein Jahrgang in der Schule noch gar nichts gehört hat.

Womit wir wieder beim Stichwort Metamorphosen wären.

Metamorphosen IV
Meine Umwelt

Wieder einmal habe ich den frühen Morgen schlaflos verbracht, aber dieses Mal kann ich es nicht auf dem Schuldenkonto „Seuche" abbuchen; genau genommen war es sogar eine sehr hübsche Wanderung, die ich in den, zugegeben weit hergeholten, Fußstapfen des Herrn Ovid machen durfte, ganz im Gegensatz zu Karl Valentin, der an dieser Stelle vermutlich gesagt hätte: *„wollen hätt ich schon mögen, aber dürfen hab ich mich nicht getraut"*.

Wenn ich nun ein wenig von dieser Wanderung erzähle, so begleitet mich ausnahmsweise kein schlechtes Gewissen darüber, dass ich längst Bekanntes nur wieder in aufgewärmter Form wiedergebe, nein, ich gebe mich sogar der angenehmen Vorstellung hin, etwas Neues zu kreieren, aber das mag auch ein Irrtum sein. Was weiß ich schon, was potenzielle Vorgänger schon über die Gegend hinterlassen haben, die ich als mein neues Zuhause ab Herbst 1952 kennen lernen durfte. Da sie zu den reizvollsten des Münchner Umlands zählen dürfte, hoffe ich damit auch Freunden und Weggefährten eine Freude zu machen, wenn ich diesen Spaziergang in meine Familienchronik einbeziehe. In jeden Fall halte ich es für gerechtfertigt, sie in meinen kleinen Bericht unter der Überschrift „Metamorphosen" einzuordnen, auch wenn es dabei vordergründig um die Verwandlung einer Landschaft geht.

Es geht um Großhesselohe im Isartal.

Natürlich findet man im Netz unter Großhesselohe eine ganze Menge an Interessantem, was man über diesen Ortsteil von Pullach seit seiner Gründung weiß; immerhin reicht die Geschichte bis ins Jahr 776 zurück, in dem von einer Schweige Hesselohe die Rede ist. Meine Wahlheimat beginnt mit dem Jahr 1952, in dem meine Eltern dort ein Zweifamilien-Haus bauten, in das sie mit ihrem damals 18jährigen Sohn und einer Flüchtlingsfamilie einzogen. Über fünfzig Jahre war es das „Fischer-Domizil" für drei Generationen: meine Eltern lebten an die dreißig Jahre bis zu ihrem Tod darin, 1959 zog ich, frisch verheiratet mit meiner Frau dazu, bald reihten sich auch die erwünschten vier Kinder nacheinander ein. Das Haus wuchs durch An- und Umbauten, auch die Umgebung hat sich in vielfältiger Weise verändert. War es am Anfang noch so etwas wie eine einsame Burg in der Idylle des zauberhaften Isartals, so wurde es zunehmend von der Krake München umzingelt, Dornröschen erwachte, das Idyll wurde vom Verkehr erstickt, Schneewittchen drehte sich im Grab um, das es ja nie bezogen hatte, wie das im Märchen so üblich ist. Tatsächlich ist ein umfangreicher von den Familien Gebhardt-Seele und Manfried Fischer mit ihrer beeindruckenden Kinderschar gedrehter Märchenfilm, ein Juwel, das immer wieder einmal bei Familienfesten zum Jubel aller Familienangehörigen gezeigt wird, ein unwiderlegbarer Zeuge für einfach so abhandengekommene Drehorte in Wald und Feld zwischen Großhesselohe und Pullach, wo das Geschehen hinter den sieben Bergen damals in Szene ging.

Fünfzig Jahre früher, so will es mir scheinen, hatte dieses Großhesselohe schon so ein Flair wie ein Spielzeugdorf. Es war ja weder groß, den Hesse hat man nie entdeckt und das Dorf war eigentlich kein Dorf, sondern ein nobler Villenvorort von München, zwar mit zwei Bahnhöfen, die beide tiefer ins Voralpenland hineinführten, aber ohne dörfliche Vergangenheit, von städtischem Gepränge und Gedränge bisher nicht berührt. Hauptattraktion: ein ehemals wilder Bergfluss, der sich eine tiefe Rinne gegraben hat, an deren steilen Hängen ein zu jeder Jahreszeit prunkender Bergwald manche architektonische Skurrilitäten und Schandtaten verbarg, überspannt von einer imposanten Eisenbahn- und Fußgängerbrücke, für Autos nicht befahrbar, und auch als Radfahrer durfte man sich nicht im Sattel sitzend erwischen lassen. In den Wäldern hausten auf beiden Seiten der Isar in den Jahrhunderten zuvor „edle Rittersleut", wie sie Karl Valentin unvergesslich gemacht hat, die sich zu meiner Jugendzeit allerdings nur noch in närrischen Faschingsbällen die Ehre gaben.

Das ganze Jahr über zog es und zieht es die erlebnishungrigen Münchner zur Großhesseloher Waldwirtschaft, einst wohl die schon erwähnte Schweige, dann berühmte Bierbrauerei, gepflegte bayerische Gastwirtschaft mit Vergnügungspark, wie es heute im TripAdvisor vermerkt ist. Von unserem Haus aus gerade mal dreihundert Meter entfernt lockte da ein Zauberreich vor allem für Kinder mit Schiffschaukeln, Karussell mit damals noch edlen Holzschimmeln, Brotzeit-, Händel- und Steckerlfisch-Buden; aber auch die bierdurstigen Erwachsenen erfreuten sich an Strohkorbs Dixie-Klängen und Mutige wagten auch einen Ausflug auf die Tanzfläche.

Eine Etage tiefer bot eine meist schläfrig murmelnde Isar Bade- und Sonnenbänke, während im parallel dazu dahinschießenden Kanal mit Bierfässern, Blasmusik und schon halb Abge-/Besoffenen beladene Flöße ihre Fahrgäste zu Tale fuhren.

Und damit nicht genug: dazu passte ein Stück weiter isarabwärts ein noch edleres Filetstück zum Angebot, die Anlage des Großhesseloher Tennisclubs, dessen Eintrittspreise allerdings von Leuten, die ihr ganzes Kleingeld schon „versegeln", nicht bezahlbar waren.

Mein Namensvetter, der Guatl-Fischer, von dem schon die Rede war, hat mich einmal überredet, mit ihm probehalber ein paar Bälle zu schlagen, was aber zum sofortigen Ausschluss des noch gar nicht eingetretenen Mitglieds führte, da ich nur *Dr.Mertens Luftpolsterschuhe* an den Füßen hatte, von denen ich annahm, dass sie dem edlen Sandplatz mit ihren Krepp-Sohlen nicht mehr schaden würden als die heutigen *nikes,* die es damals allerdings noch nicht gab. Ich musste aber zur Kenntnis nehmen, dass ein „Fräulein" namens Etikette, das mir bis dato auch noch nicht so richtig bekannt war, damals schon energisch das Zepter, oder zumindest den Tennisschläger schwang und solche Sakrilege empört verbat.

Für mich hatte die damals noch recht verschwiegene Schweige noch andere Trümpfe im Ärmel. So verkehrte ich mindestens gelegentlich in einer Art Schloss im

Wöllner-Park, der sich damals noch weitgehend unbebaut am Isar-Hochufer hinzog. Dank meines damaligen Schulfreunds Christoph Burges hatte ich die Gelegenheit, in dem halbleeren Gebäude mit einer pompösen Märklin-Eisenbahn, Spur eins, zu spielen, was sich eine Generation später, als mein Sohn Stephan „Alibi-Größe" erreicht hatte, zu einer echten Leidenschaft entwickeln sollte. Da war es dann freilich nur Spur HO, aber das reichte auch für eine Lebenserfahrung der besonderen Art, auf die ich ja schon zu sprechen kam.

Noch von einem anderen Initiationsritual will ich erzählen, das mich und meine beiden Großhesseloher Schuldfreunde ereilte: unseren ersten Faschingsball.
Ort der Handlung war ein Etablissement, in dem normalerweise Tee und Vitaminpräparate hergestellt wurden, das seinen Namen der griechischen Götterwelt entlehnt hatte: Hermes, der Götterbote. Dorf arbeiteten in langen und schmucklosen Hallen nur Frauen, die nichtsdestoweniger zu gegebenem Anlass feierwütig waren, was in einer zünftigen, wenn auch nur kurzweiligen Metamorphose ausartete. Da Männer plötzlich so gut wie ausgestorben waren, wurden die drei schmucken Buben entdeckt, so unter dem Motto: Besser als nichts, irgendwie ihren Familien für diesen einen Abend abspenstig gemacht, und dem Schabernack zugeführt. Ein sehr fahrlässiges Unternehmen begann, von dem ich einerseits nicht mehr viel Erinnerung habe, andererseits auch nicht alles, was ich noch weiß, preisgeben möchte. Nun, wir haben so manche Einblicke tun dürfen, ver-

mutlich mit unseren knapp vierzehn Jahren zum ersten Mal Alkohol in nennenswertem Umfang getrunken, geraucht und tanzen gelernt. Grund für das Einschreiten der Polizei hat es, soweit ich weiß, aber nicht gegeben. Etwas ist allerdings bei mir hängen geblieben, ein Walzerlied mit dem schönen Titel: *ich tanze mit dir in den Himmel hinein, in den siebenten Himmel der Liebe.* Jemand muss mir damals den langsamen Walzer so nachhaltig in die Beine gebimst haben, dass er für mein Leben lang mein Lieblingstanz geworden ist.

In Großhesselohe gab es zur damaligen Zeit noch kein Gewerbegebiet, erst um die Jahrtausendwende kehrte eines der ältesten Gewerbe, das in unseren schönen Bayern auch andernorts Furore machte, wieder zurück, indem der alte Isartalbahnhof in eine Bierbrauerei umgewandelt wurde. Das wurde ein riesiger Erfolg, denn das Bier war ausgesprochen süffig, man konnte es gemütlich am Bahnsteig sitzend schlürfen und der großen Welt zuschauen, wie sie sich mit weniger Vergnüglichem abgab, soweit sie es nicht vorzog, ebenfalls Station zu machen. Eine Weile war es ein Geheimtipp, vor allem auch bei Siemens-Mitarbeitern am Sendlinger Standort als Feierabendbierzapfstelle, wo man außerdem auch gut speisen konnte, allerdings, wenn man im Garten im Herbst unter den Kastanien saß, aufpassen musste, dass einem nicht die reifen Früchte auf den Kopf oder gar in den Maßkrug fielen. Die Fischers waren da häufig zu Gast. Es war zwar auch da schwer, einen Tisch zu bekommen, und natürlich war es damals höllisch verraucht und nicht minder höllisch laut, aber das hat man halt einfach mit „abigschwoabt".

Überhaupt sollte klargestellt werden, dass mein Groß-hesseloher Landschaftsgemälde nur einen Bühnenhin-tergrund darstellt, von dem meine Familie nur so dann und wann profitieren konnte, da sie ja noch mit dem Wochenendhaus am Wörthsee eine ebenfalls hochat-traktive Alternative besaß, die schon, weil sie da war, meist das Rennen für sich entschied.

Doch bleibt es dabei: das Großhesseloher Ambiente hat schon Mühe seinesgleichen zu suchen, und es ist schwer verständlich zu machen, warum die Fischers von dort weggezogen sind. Doch gehört das zu den Metamorphosen, die im Lebenslauf schon vorprogram-miert sind und die dann einfach zu akzeptieren sind. Davon ist in einem anderen Kapitel zu lesen.

Doch auch das Haus neben dem Pfarrgarten hatte „sein Werden" hinter sich zu bringen, auch wenn seine Metamorphosen nicht so spektakulär waren. Da war es mehr der Garten, der schon bald dem Familienzuwachs der jungen Familie angepasst werden musste, einen Sandkasten, ein Turngerüst, einen Geräteschuppen aufzunehmen hatte, später einen Teich für Goldfische, Lurche und Schildkröten, einen Hasenstall und mehrere Aquarien, zuletzt dann auch noch ein beheiztes Schwimmbad, nachdem das Wochenendhaus am Wörthsee infolge der halbseitigen Lähmung nach Tu-mor-Operation meiner Frau im Jahr 1967 nach der Ge-burt von Claudia, unseres letzten Kindes aufgegeben worden war.

Auch die Bausubstanz erfuhr durch einen Anbau sowie den Ausbau des Kamin-Sitzplatzes zu einem geschlossenen Wintergarten raumschaffende Veränderungen, die ein gewisses „Mit-atmen" ermöglichte. Dazu hatten wir ringsum noch Freiräume, denn das südliche Nachbargrundstück war fast bis zuletzt unbebaut und durfte mit bespielt werden, was für Volleyball und Federball auch gern genutzt wurde. Auf dem nördlich angrenzenden Grundstück war die Großhesseloher Kirche entstanden, die gleichzeitig mit unserem Haus eingeweiht wurde, aber doch gute hundert Meter entfernt in die Gegenrichtung orientiert war.

So war das ganze Ensemble "PU 17" während seiner Nutzung durch uns ein tolles „Eldorado" mit fast unbegrenzten Möglichkeiten für sportliche Betätigung, Zoo- und Garten-Betrieb, und vor allem für viele gelungene Feste. Zwei Beispiele: in einen Winter hatten wir die Spielwiese im hinteren Teil des Gartens durch Überspritzen in eine Eisfläche verwandelt, die sogar zum Schlittschuhfahren diente. Die Wiese wurde für größere Events auch schon mal mit einem Festzelt überspannt, in dem dann die „High-Cats", eine Gesangsgruppe bestehend im Wesentlichen aus dem Nachwuchs der Familie Gebhardt, mit großem Erfolg debütierte. Noch ein Highlight sei erwähnt: zu meinem 50sten Geburtstag haben die Kinder, während wir noch auf dem Mittelmeer herumschipperten, die Garage samt Sitzplatz in eine Südseelandschaft verwandelt, zu der man erst kam, wenn man ein kleines Schifferl mit Segel bestieg, in dem man tüchtig durch die Garage geschaukelt wurde.

Als Schifferl hatte Stephan seinen kleinen Fiat 500, den er von unserer alten Freundin Charlo Mor geschenkt bekommen hatte, einfach auseinander gesägt.

Beinahe hätte ich es vergessen: einmal haben wir auch unser neues Segelboot, das inzwischen schon bei Meichle & Moor am Bodensee lag, bei einem Gartenfest in „Grolo" getauft, wobei allerdings nur Mast und Segel oben auf der Dachterrasse aufgezogen wurden. Ja, ein bisserl „grazy" gings manchmal schon zu, aber es hat sich niemand beklagt, aber Viele erfreut.

Metamorphosen, so lernen wir, verlaufen oft im Verborgenen, manchmal aber auch mit Pomp und Pompöschen.

Hier sollte ich wohl besser eine Deutungshilfe zu meiner Sprachartistik einschieben denn vermutlich wird nicht jeder Leser mit meinem „Pompöschen" etwas anfangen können; im Duden jedenfalls wird er es nicht finden, denn es wurde erst vor zwei Tagen vom Autor ins Leben gerufen – zumindest bildet der sich das ein. Es ist ein weitläufiger Verwandter zum Wort *Kosmos,* das auch zu seinen besonderen Lieblingen gehört, denn er nutzt auch gern die sonst nicht bekannte Form „Kosmöschen", wobei das „Kose-Format" eine liebenswürdige Erscheinungsform für einen Menschen ist, der sich so wichtig nimmt, dass er sich sozusagen als Gegenüber zu dem „Welt-Kosmos" sieht. Aus dieser Sicht gibt es also einen – oder vielleicht mehrere – Kosmosse, eine Pluralbildung, die vermutlich auch noch nicht sanktioniert ist – und daneben so an die acht Milliarden „Kosmöschen", denn welcher Mensch nimmt sich nicht wichtig?

Neben dieser eher etwas skurrilen Ableitung existiert aber auch noch eine andere, wesentlich ältere Bedeutung, die nun tatsächlich in den vorliegenden Kontext passt: das Wort Pompos stammt aus dem Griechischen, wo es ein Beiname für den Götterboten Hermes ist, der als Psychopompos die Aufgabe hat, die Menschen-Seele dem Olymp als dem Sitz der Götter zuzuführen, also ein Totengeleit zu geben. Je nach Geschmack und Fantasie steht der Seelenführer somit auf der gleichen Stufe wie der hier schon eingeführte „Boandlkramer", oder nach christlicher Vorstellung auf der eines Schutzengels. Der Leser hat da freie Wahl; der Autor neigt entschieden der Deutung zu, dass der Psychopompos im besten Sinn ein Seelen-Begleiter ist, hinter dem sich durchaus auch einmal eine Muse verstecken kann. Es sei noch einmal der Hinweis erlaubt, dass die Sprache da eine Verschiedenheit konstruiert, der es in der „über-sinnlichen Welt" nicht bedarf. Kommunikation, so meine ich, braucht dort, wo Einheit herrscht, zum Überspringen nicht vorhandener Hürden kein sprachliches Hilfskonstrukt.

Ich würde es mir jedenfalls sehr wünschen, dass jeder Mensch so ein „Pompöschen" als treuen Freund und Begleiter hat, der ihn bei allen Metamorphosen geleitet.

Vor den Reminiszenzen geht es aber nun zurück in die harte Gegenwart, unsere Corona-Wirklichkeit.

Pandemisches Panoptikum, Buch VI
Neue Turbulenzen

An diesem Morgen überschlugen sich die Ereignisse. Kaum hob sich der nächtliche Vorhang und der neue Tag begann mit einem spektakulären Birkenglühen gebieterisch die letzten nächtlichen Nebel zu vertreiben, da füllte sich des Großvaters Schlafzimmer schlagartig mit Besuchern. Genauer: überrascht nahm er wahr, dass eine Reihe von Besuchern von ihm unbemerkt hereingekommen war und auf sein Erwachen gewartet hatte. Dabei war es eigentlich nur der Zeitpunkt, der ihn überraschte, denn die morgendlichen Besuche war er inzwischen ja schon gewöhnt. Allerdings hatte er eher erwartet, dass nach den Aufregungen der letzten Wochen, die ihn doch sehr aus dem Gleichgewicht gebracht hatten, jetzt erst einmal eine „Wetterberuhigung" eintreten und ihm erlauben würde, sich auf seinen Auftrag zu konzentrieren und an seinem „Anti-Corona-Buch" weiter zu schreiben. Denn in seinem Kopf war er noch immer davon überzeugt, dass ein solcher Auftrag an ihn ergangen war, und dass er auch eine vage Zusicherung gegeben hatte, einen kleinen, wenn auch in seinen Augen wenig verheißungsvollen Beitrag im Kampf gegen die Seuche zu leisten. Sein Problem ist, und das ist jetzt keine leere Phrase, dass er in diesem Punkt auch jetzt noch nicht weiß, wo er letztlich dran ist, was „man" von ihm will, welchem Phantom er nachjagt.

Ja, was ist das Leben? Nur allzu gern hat er sich einer Deutung angeschlossen, die in den letzten Jahren, in denen er noch beruflich aktiv war, die Vorstellung von einem Abenteuerspielplatz ins Spiel brachte, in der Absicht, dem ganzen Geschehen eine spielerische Note zu geben; die mehrfache Wiederholung des Begriffs „Spiel" ist als der weiße Schimmel aus dem Deutsch-Unterricht vielleicht noch als erlaubtes Stilmittel in Erinnerung. Dahinter versteckt sich aber eine tiefgreifende Verunsicherung darüber, wo der Spaß endet und der Ernst anfängt. Das, so meine ich, darf man einem Großvater auch zugestehen, wenn er darüber ins Sinnieren kommt, was ja nur ein anderer Ausdruck dafür ist, die Frage nach dem Sinn zu stellen.

Diese spärlichen Andeutungen werden dem Leser zunächst wenig sagen, doch wird sich diese Situation sehr bald ändern, wenn er sich trotz einiger aktueller Verwirrungen zum Weiterlesen entschließt. Ginge es bei dem Buch, das er gerade in Händen hält, um einen Krimi, so würde er ja auch nicht erwarten, gleich am Anfang zu erfahren, wer der Mörder war.

Darüber hinaus sollte Erwähnung finden, dass dem Großvater alias Autor durchaus bewusst ist, dass er allein den Kopf dafür hinzuhalten hat, was da zu verzapfen beginnt; möglicherweise wird sich das erst im nächsten Hafen, noch schärfer: erst „post mortem" zeigen…

Das eben Gesagte ist vielleicht ein ganz eleganter Übergang zu der weiteren Schilderung der schon skizzierten „Schlafzimmerszene" am 27.Januar 2021, die ihren Niederschlag fand in einem Rund-um-Mail noch am gleichen Tag an den Freundeskreis.

Auch hierzu soll noch unter dem zeitgemäßen Motto „volle Transparenz" ein Hinweis gegeben werden. Wie Fachleuten geläufig sein wird, stammen die Figuren meines morgendlichen Puppentheaters aus dem Fundus meines Lebenstheaters, die von mir unbewusst hervorgerufen als passende „Sozis", das will sagen: *Assoziationen* aus dem Unterbewusstsein als Deutungshelfer zu den anliegenden Bildvorgaben agieren. Es handelt sich also nicht um Gespenster-Erscheinungen, sondern um schlichte Strickmuster unseres Denkapparats.

So ist mir die Wortführerin meiner morgendlichen Runde, Frau Dr. Elisabeth Kübler-Ross erst vor wenigen Tagen in dem Buch von Laszlo Kreisz *Seele, Tod und Jenseits* zum wiederholten Mal begegnet, die als wohl bekannteste Wissenschaftlerin sich ein Leben lang mit der Erforschung des Phänomens *TOD* beschäftigt hat und die nach meinem Geschmack treffendste Metapher für den *Tod in* der Verwandlung einer Raupe durch Verpuppung in eine neue Gestalt, den geschlüpften Schmetterling, als vollkommen normalen Weg einer natürlichen Metamorphose propagiert hat. In dem Gefolge dieser Szene kommt dann der römische Dichter Ovid und sein Werk als Taktgeber für Metamorphosen gleich hinterher, der Sprachprofessor Henry Higgins und seine entzückende Entourage mit Audrey Hepburn alias Eliza Doolittle sind nicht weit und schon *föhnen Münchens Mönche* und es erklingen die mitreißenden Klänge aus

My Fair Lady. Also eine durchaus illustre Gesellschaft, von der mir der Professor Higgins als eine Art Geistesverwandter besonders nahe steht.

Von daher ist es wohl nicht schwer, sich vorzustellen, wie sich eine lockere Unterhaltung zwischen den Protagonisten zu den Tagesaktualitäten entspinnt, ganz sicher mit besonderem Schwerpunkt der gerade endenden Welttragödie, Namens Trump, den ich vor einigen Tagen unter der Überschrift „Absturz im Morgengrauen" als dicke Spinne apostrophiert hatte; und es bedarf kaum noch des ergänzenden Hinweises, auf welchen Pfaden sich der um Aufmunterung aus Corona-Nöten bemühte Autor augenblicklich befindet.

.

Pandemisches Panoptikum:
Absturz im Morgengrauen

Heute, am 2. Oktober 2020, erschütterte eine Sensationsnachricht die Welt: der amerikanische Präsident Donald Trump ist am Corona-Virus erkrankt, er wurde mit seiner Frau positiv getestet und ist zusammen mit ihr in Quarantäne gegangen. Zeitpunkt: 8.00 Uhr, Morgennachrichten auf Bayern 5.

Ich möchte diese Meldung nicht kommentieren, sondern sie nur in ihrem Ablauf und vor allem im Zusammenhang mit den seltsamen Begebenheiten in meinem eigenen *Status quo* festhalten.

Meine zwei Stunden vorher durchgeführte morgendliche Bestandsaufnahme hatte ein desaströses Bild ergeben: Chaos, Chaos, Chaos an allen Ecken und Enden der Welt, alle von globaler Bedeutung und mit hochexplosiver Sprengkraft.

An erster Stelle die Corona-Pandemie, weltweit mit inzwischen über 35 Millionen Infizierten und allein in USA mit 200.000 Toten,

dann die absolut chaotische TV-Diskussion zur Wahl in USA mit einer sehr realen Werksschau des Niedergangs von Anstand und Kultur *im Land der unbeschränkten Möglichkeiten*,

schließlich die Bedrohung durch weitgehend selbstgemachte Krisen für unseren Planeten.

Dabei war ich ja vollauf beschäftig, meinen eigenen bevorstehenden Abgang von dem Abenteuerspielplatz meines Lebens, auch bekannt als „Jahrmarkt der Eitelkeiten", in den Griff zu bekommen; auch da Chaos, wenngleich im Unterschied zu den ersten drei globalen Ereignissen mit klarem und alternativlosem Ausgang.

Ergebnis der Bestandsaufnahme: tiefe Depression, ja Resignation. Eine wie auch immer geartete Aktion meinerseits gegen alle diese Bedrohungen: vollkommen aussichtslos, insofern auch einfach lächerlich. Fazit: *alle Bemühungen in dieser Richtung umgehend einstellen;* eine andere Reaktion kam mir nicht in den Sinn. So legte ich mich wieder ins Bett mit dem nicht ganz unsympathischen Gedanken, jetzt den Griffel endgültig aus der Hand legen zu können, von allen eingebildeten oder tatsächlichen Aufträgen, meine Stimme noch einmal zu erheben, befreit zu sein.

Allerdings war damit die Gedankenflut keineswegs zum Stillstand gekommen, irgendein hartnäckiger Synapsen-Strang in meinem Gehirn funkte weiter SOS, und wie aus dem off drang ein lateinischer Begriff durch den Gedankenwust, den ich erst nicht mehr richtig zusammenbrachte; es ratterte nur *et respice finem,* der Anfang der Botschaft aber fehlte. Da das Bohren nicht nachlassen wollte, sprang ich ganz kurz zum Computer auf dem neben dem Bett stehenden Schreibtisch, schaltete das Internet und damit mein Suchprogramm ein, das nach meiner Eingabe der drei lateinischen Worte den ganzen Satz ausspie:

quidquid agis, prudenter agas et respice finem.

Auf deutsch: „was immer du tust, tue es klug und bedenke das Ende".

Das gab eigentlich keinen rechten Sinn, es sei denn, wenn man die ohnehin schon gefasste Entscheidung zur Einstellung aller weiteren Such-Aktionen wegen offensichtlicher Aussichtslosigkeit auf Erfolg hinein interpretierte, was dann als Bestätigung verstanden werden durfte. Also keine wirkliche Erlösung, und eine bedrückende Ratlosigkeit blieb in der Luft hängen.

Da fiel mein Blick auf eine große Spinne, die oberhalb meines Bettes an der Zimmerdecke entlang krabbelte. „Was hat die denn vor?" fragte meine Neugier. Beute würde sie da oben kaum machen, denn die nächtlich unangenehm in Erscheinung tretenden Mücken hatte ich mit meiner elektrisch betriebenen Patsche schon beseitigt. Blieb also nur die ziemlich belanglose Frage: entschließt sie sich im Eck zum Abstieg nach unten oder zur Fortsetzung des Höhenwegs im rechten Winkel Richtung Fenster. Da der Spannungsgehalt dieser Frage nicht gerade immens war, drängte sich der Gedanke dazwischen, dass wir ja gerade den dreißigsten Jahrestag der deutschen Wiedervereinigung begingen und deshalb vielleicht doch ein Hineinhören in die Morgennachrichten nicht schaden könne. Doch die erste Nachricht des Tages war dann eben die Corona-Infizierung Trumps.

Als Chronist verkneife ich es mir, meine Empfindungen dazu hier wiederzugeben; Schadenfreude galt mir ja von Kindesbeinen an als verwerfliche Sünde Doch ereignete sich noch eine unerwartete lautlose Kommentierung aus dem Reich der Natur, sofern man sie da

174

überhaupt in eine Verbindung zum (vorläufigen) Trump-Angang bringen will.

Ich hoffe aber, es ist nachvollziehbar, dass meine tiefgehende Erschütterung durch die soeben erfahrene Neuigkeit den Wiedereinstieg in mein Bett zum dort immer noch unschuldig vor sich hin schnurrenden Kater Don Camillo rechtfertigt.

Dort fiel dann erneut mein Blick auf die dicke Spinne über meinem Kopf. Sie hatte sich für keine der beiden Möglichkeiten ihres Abgangs entschieden, sondern für eine dritte Variante: sie hatte begonnen, im Eck ein Netz zu spinnen, aber offenbar ist ihr, vielleicht durch meine Beobachtung – so etwas soll es ja nach den Erkenntnissen der Quantenphysik geben – der Faden gerissen: jedenfalls plumpste sie plötzlich von der Decke und verschwand mit einem unerwartet kräftigen Klatscher hinter der Rückenlehne meines Bettes. Und das auf Nimmerwiedersehen!

Soweit zu diesem Absturz im Morgengrauen.

Heute ist der 8.11.2020. Die Verfolgung der Welt-Nachrichten und ihre gelegentliche Kommentierung hat sich für mich nicht, wie erhofft, so einfach abstellen lassen, ganz im Gegenteil habe ich die letzten Tage mehrere Stunden vor dem Computer verbracht, um alle Neuigkeiten aus USA aufzusaugen, trotz des bitteren Nachgeschmacks, den dieser Gift-Cocktail hinterließ. Bis dann vier Tage nach Schließung der letzten Wahllokale ein vorläufiger Sieger von den Medien verkündet wurde.

Jubel brach aus in der Fischer-Jensen-WG am Hapberger Weg 3 in Bernried, wenn auch noch ein verhaltener und von Skepsis geprägter. Immerhin führte die Nachricht der politischen und gesellschaftlichen Beziehungen der agierenden Kräfte kann es ja dort eigentlich nur aufwärts gehen: Allerdings sollte man nicht der trügerischen Hoffnung verfallen, dass mit dem Absturz dieser dicksten Spinne das Übel in der Welt schnell beseitigt werden wird, dazu gibt es allüberall zu viele egomanische „Trumpeltiere".

Die Gefährdung der Menschheit ist m.E. nach wie vor real vorhanden, auch wenn der Donald T. seine erratische Rolle als Horror-Darsteller nun wohl ausgespielt haben dürfte.

Dem Chronisten bleibt aber auch noch eine kleine persönliche Genugtuung:

Das *„quidquid agis, prudenter agas et respice finem"* des Latein-Unterrichts war offensichtlich kein falscher Ratschlag fürs Leben.

Pandemisches Panoptikum
Noch ein Absturz.

Da hing es noch, das Gespinst oder besser, was davon noch übriggeblieben war nach dem Absturz der Spinne nach der Katastrophennacht am 2.10.2020. Von der Spinne wurde seither nichts mehr gesehen, ihre winzige Hinterlassenschaft am Plafond von der Putzfrau nicht entdeckt. Nicht so aber der mächtigste Herr im worldwide web dieser Welt, mit dem Beinamen „Trumpeltier". Noch heute, fast sechs Wochen nach dem verheißungsvollen Absturz seines „Doppelgängers", versucht er weiter alle Fäden in der Hand zu behalten und geriert sich als *the big winner.* Wo soll das hinführen, so fragt sich nicht nur der Chronist, er fragt sich vor allem auch, wie er den mehrfach geäußerten Wunsch aus seinem Leserkreis nachkommen soll, die Spinnen-Geschichte fortzusetzen. Der insgeheim erwartete endgültige Absturz des Hauptdarstellers will und will nicht stattfinden, denn **er will eben nicht**.

Nun ist Geduld nicht unbedingt meine Stärke, „warten" so ziemlich das Schlimmste, was von mir verlangt werden kann.

Dabei ist zu bedenken, dass der Verlagerung der Ereignisse ins Tierreich ja schon eine lange Vorgeschichte vorausgegangen ist, die zwar nicht direkt mit dem Wahlgeschehen in USA zu tun hat, aber inzwischen zu einem gordischen Knoten zusammengewachsen ist, dessen Lösung des scharfen Schwerts eines draufgängerischen Alexanders bedürfte, denn nach dem geläufigen Spruch *ein Unheil kommt selten allein* haben sich die verschiedenen Gründerflüsse ja inzwischen zu einem reißenden Strom vereinigt, der durchaus das Zeug hat, alles mit sich fort zu reißen. Was dabei die Aufgabe des Chronisten angeht, nagt dieser ja schon fast ein Jahr lang an seinem Stift und wartet auf Befruchtung von oben, um der fressbegierigen Corona-Seuche ein probates Heilmittel, möglichst in Buchform, entgegen zu setzen. Bis jetzt haben sich eine ganze Menge von mehr oder minder hochrangigen Besuchern, aus Sicherheitsgründen im Schutz der Nacht, herangedrängt, allen voran der *Boandlkramer,* und zweifelhafte Ratschläge zur Bewältigung dieser Aufgabe abgesetzt, doch nach Rücksprache mit der himmlischen Redaktion konnte dort keine der vorgeschlagenen Stories die Einwilligung der strengen Behörde zur Veröffentlichung erringen.

Nun ist es eine Spinne, die sich für einen Versuch gemeldet und dafür gar ihr Leben eingesetzt hat. Allerdings habe ich ihren selbstlosen Hinweis erst gar nicht verstanden, bis mein lebenslang trainiertes Gehirn sein Können im gewagten Zusammenfügen von Gedankensplittern unter Beweis stellte und mir eine hübsche Palette bunter Puzzle-Stücke anbieten konnte, die alle nicht nur etwas miteinander zu tun hatten, sondern auch noch einen tieferen Sinn zu erfüllen in der Lage schienen.

Nun, so folge ich wie weiland Herr Grabbe In *Scherz, Satire, Ironie und tiefere Bedeutung* den Ideen, die da wie Perlen vor mir ausgeschüttet sind und hoffentlich noch weiter werden, so dass auch ein inzwischen etwas begriffsstutzig gewordener Chronist sie nur aneinander zu reihen braucht.

Ob die Spinne dabei noch einmal in Erscheinung tritt, ist eher nicht zu erwarten, aber das von ihr versinnbildlichte Baumuster sollte um so prägnanter zu Tage kommen.

10.12.2020

Das makabre Spiel ist noch nicht zu Ende, ja, es tritt in eine neue Dimension, in eine nie erwartete Kumulierung negativer Abläufe. Es ist wie ein raffiniert gestaltetes Bühnenbild, das die Dramatik des Geschehens dem Publikum gleichzeitig auf mehreren Ebenen vor Augen führt mit dem geradezu teuflischen Effekt, es aus der Rolle der Zuschauer auf die Ebene der Mitspieler zu hieven: er sieht sich selbst zu, wie er zum Darsteller einer Tragödie wird, aus der er nicht mehr aussteigen kann. Schon vor ein paar Tagen drängte sich mir der Vergleich auf mit der Geschichte vom *Gordischen Knoten* auf, die nach dem Schwert des antiken Helden Alexander des Großen verlangt, der den Mut hat, das wuchernde und schwärende Gespinst zu durchschlagen. Wo ein Gespinst ist, kann auch ein Gespenst nicht weit sein, und tatsächlich hatte die dicke Spinne symbolisch noch einmal einen gespenstischen Auftritt. Zu der besonderen Delikatesse dieses Auftritts gehörte, dass ich mich völlig unerwartet in der Hauptrolle wiederfand, ohne es erst so richtig zu merken.

Der Leser hat ja nun schon einige Erfahrung im Umgang mit meinen morgendlichen Besuchern, sei es der Boandlkramer, sei es Hamlet, sei es der am Webstuhl der Zeit agierende Weltgeist Goethischer Prägung oder gar der Fährmann Charon auf dem Todesfluss Acheron. Doch gegen diese seltsame Mischpoken-Truppe war der neue Absturz im Morgengrauen, der sich da ereignete, sein eigener. Es ist im Nachhinein ein harmloser Absturz, als Lachnummer inszeniert, denn der Autor fiel schlicht aus dem Bett. Absolut anlasslos und genau genommen auch nicht in der Morgendämmerung, sondern aus dem Mittagsschlaf. Zum Glück auch folgenlos, was die Brüchigkeit der alten Knochen angeht.

Die Psyche allerdings erlitt einen Absturz wie bei einem Artisten aus der Zirkuskuppel beim Hochseilakt. Der Schreck saß tief und rutschte sogar noch tiefer, als er feststellte, dass er etwa da gelandet sein musste, wo ein paar Tage zuvor die Spinne abgestürzt war. Doch das war dann auch der Moment, wo ein Aha-Effekt seine Wirkung zu entfalten begann. Ich begann zu ahnen, dass mein Absturz Teil einer Lehrstunde in Sachen Holistik war, oder zumindest gewesen sein könnte. Schließlich steht eine Spinne ja bei der Deutung des Weltgeschehens oft als Symbol des die Schicksalsfäden verknüpfenden Tieres, hat also durchaus eine numinose Attitüde.

Für manchen Leser dürfte meine Deutung sicher „weit hergeholt" erscheinen, auch ich fand den Gedanken zuerst eher abwegig, doch erging es mir wie einem Puzzle-Spieler, der im Verlauf seines Spieles immer neue Teile ins noch unfertige Bild einpassen kann, deren Zusammengehörigkeit er anfangs nie für möglich gehalten hat.

Es ist hier nun nicht der Ort, den Beweis für meine Theorie zu führen, und es würde vermutlich auch dem nicht involvierten Leser keinen großen Zuwachs an Lebensverständnis für sich bringen. Ich bin mir ziemlich sicher, dass eine solche Erkenntnis, vielleicht sollte ich sagen: *eine Ahnung für das Gespinst seines Lebens*, des individuellen, einmaligen Materials bedarf, aus dem das Webstück „Teppich seines Lebens" entsteht bzw. schon entstanden ist. Dieser Teppich ist ja auch kein Einzelstück, sondern ein winziges Teilstück des großen Weltteppichs, von dem die Quantenphysiker inzwischen sprechen. Immerhin bin ich glücklich, ein Bild dafür gewonnen zu haben, wie Welt funktioniert: es ist alles mit allem verwoben, die Spinne nur eine Einstiegshilfe. Das Netz ist die Mutter des Geheimnisses, nur ist seine über das *www.* hinausgehende Bedeutung noch nicht so recht „angekommen". Da muss dann erst einmal eine Spinne von der Decke fallen.

Pandemisches Panoptikum
Schildkröten und andere Trampeltiere

Für Chronisten und Zeitzeugen sind korrekte Zeitangaben ein absolutes Muss, sozusagen ein Testat ihrer Glaubwürdigkeit. Deshalb beginnen sie ihre Bekundungen in der Regel auch mit einer Zeitangabe, die neben der Ortsangabe die wichtigste Orientierung für das auf unsrem Planeten geltende Bezugssystem nach Ort und Zeit bietet, ein Garant für wissenschaftliche Nachprüfbarkeit.

So sei also erst einmal festgestellt: wir schreiben heute das Datum
14. Februar 2021, Sonntag Vormittag, 11.Uhr, der Sonntag vor Beginn der Fastenzeit, also Faschings-Sonntag.

Als Fußnote sei dazu noch erwähnt, dass der Autor dieser Zeilen heute vor 29 Jahren von seiner Enkelin Lara Fischer zum Großvater befördert wurde, sozusagen die erste nennenswerte Leistung, die sie in ihrem jungen Leben vollbracht hat, die von „geschichtlicher Bedeutung" ist.

Nun habe ich mir vorgenommen und auch schon versprochen, das in den Kapiteln zuvor dokumentierte Alltagsgeschehen, wie es die „Zeitläufte" so mitgebracht haben, aus höherer Warte zu betrachten salopp gesagt: auf den Prüfstand zu stellen und neu zu bewerten. Die „höhere Warte" steht dabei genau genommen für „höheres Alter", in dem das gelebte Leben eine weitgehend abgeschlossene Beurteilung ermöglicht, man könnte auch sagen, dass die Wahrscheinlichkeit einer grundlegenden Kursänderung, somit also auch die Gefahr, sich selbst tiefgreifend korrigieren zu müssen, von Tag zu Tag abnimmt.

Andererseits ist die Chance für eine „würdige Entsorgung" des angesammelten Verfallprodukts, um es einmal umgangssprachlich in einen zeitgemäßen Ausdruck zu kleiden, angesichts - subjektiv gesehen - als noch mit geistiger Klarheit ausgestattet zu sein, nicht ganz aussichtslos.

Dass ich als Bühne für meinen Abgesang zunächst das Tierreich herangezogen habe, bedarf vielleicht noch einer Klärung. Geprägt hat sie mein Hang zur literarischen Gattung der Fabeln, Parabeln also, in denen Tiere menschliche Eigenschaften verkörpern, um damit den Charakter einer Tragödie in eine Burleske zu verwandeln. Es mag da der Alt-Philologe in mir durchscheinen, aber auch an den Gesängen meiner engeren Heimat, wie sie etwa gleich hier um die Ecke in Benediktbeuern gefunden und von Carl Orff vertont als Carmina Burana der Welt hinterlassen wurden, habe ich meine helle Freude.

Meine Leser werden es sicher schon ahnen: in meinem Titel steckt auch noch eine andere Affäre, die heute Geschichte geworden ist: das Ende eines Trampeltieres. Und das auf höchst unrühmliche Weise, die unter der Bezeichnung „doppeltes Impeachment" hoffentlich trotzdem ein Unikat bleiben wird. Es ist ein Ende, das man auch dem Michael zuschreiben kann, doch ist dessen Tranquilla Trampeltreu dagegen ein zwar stures, aber letztlich putziges Tierchen, wogegen das Exemplar aus der Gattung Homo Sapiens menschliche Züge eigentlich nur in Negativ-Ausprägung erkennen lässt. Morgenstern muss so etwas aber schon geahnt haben, als er seiner Schildkrö-kröte in die Reihe der tausendjährigen Lebewesen mit ihrem Ziehvater, dem Gotenkönig Teobald einreihte, *die nicht des Todes Bild und nicht des Sterbens Nöte kennt.* Bei dieser literarischen Anleihe ist immerhin als biologisches Faktum festzuhalten, dass die gepanzerten Trampeltiere schon über 200 Millionen Jahre die Erde bevölkern, unsere Gattung gerade mal schlappe 300.000 Jahre. Wollen wir nicht hoffen, dass das ein Maßstab ist für die Zähigkeit von allem Trump-Abartigem. Wem diese Anspielungen etwas übertrieben erscheinen, sei gesagt, dass das Übel eine Erfindung zu sein scheint, die unseren schönen blauen Planeten offenbar seit Anbeginn im Griff hat, was durchaus die philosophische Frage aufwirft, ob gegen die Mikrobe der menschlichen Dummheit überhaupt ein Serum entwickelt werden kann, wie Curt Goetz in seinem wunderbaren Film „Frauenarzt Dr. Hiob Praetorius" postuliert hat. Wer denkt da nicht an die Corona-Pandemie und andere Pan-Devils? Doch gegen Dummheit kämpfen Götter selbst vergebens!

Seeleute sind da schon gewitzter. Ich denke daran, wie ich zum ersten Mal an den Galli-Inseln vorbeisegelte, dass die Gefährten des Odysseus ihren Kapitän an den Mast binden mussten, damit er nicht den süßen Gesängen der Sirenen erlag! Seither kennt der Seemann ein nautisches Warnsignal „pan-pan", das noch vor dem oft darauf folgenden Seelen-Rettungs-Signal, allgemein bekannt als SOS-Signal, gesendet wird, bevor das Schiff zwischen Szilla und Charybdis zerschellt. Da hilft dann allenfalls noch ein resigniertes „panta rhei", und das wars dann.

Was lernen wir daraus? Keine Panik!!! Aber traut keinen all zu süßen Klängen und auch keinem Panoptikum, das letztlich immer mit doppeltem Boden und anderen Tricks arbeitet.

Und doch, so meint der Chronist, liegt das Heil bei Pan, das ja letztlich das Wort für Alles ist, für das Ganze: ohne Ausschluss, ohne Spaltung. Nicht das „Entweder – Oder" ist die Lösung, sondern das „Sowohl als Auch"! Die Schöpfung ex- pan-diert und schafft Platz für Alle und alles. Doch: die Menschheit mit ihrem Forschungsdrang ist bisher den falschen Weg gegangen in der Suche nach dem Weltverständnis. Nicht im Niedertrampeln alles Anderen, um allein alle Macht zu haben, kann es weiter gehen, sondern Empathie und Harmonie wird über die Zukunft der Welt, etwas präziser: unserer Kultur, unserer Gattung, vielleicht unseres Planeten, entscheiden.

Sonst kommt es, wie Harald Lesch befürchtet: die Menschheit schafft sich ab.

Seemanntische Kapriolen:
Zwischenruf eines Dorf-Chronisten

Einmal Chronist, immer Chronist...

Zum Kostüm eines Chronisten gehört es offenbar, es nicht einfach wie einen ausgedienten Hut an den Nagel hängen zu können, wenn einem danach zu Mute ist: Kronos lässt sich ja auch nicht abstellen, nach Goya bzw. der griechischen Mythologie frisst Kronos ja sogar seine eigenen Kinder!

Nun habe ich mich erst in den jüngsten Jahren aus „Lust und Tollerei" aufgeschwungen, in die Rolle eines Dorf-Chronisten zu schlüpfen, um in meinen alten Tagen jeden beliebigen Anlass nutzen zu können, um auch ungefragt noch meinen Senf dazu geben zu können, wenn mich entsprechender Überdruck dazu drängt. Nun ist es wieder einmal so weit. Und das liegt vor allem an einer unglücklichen Verkettung von äußeren Umständen, die in ihrem Level an Empathie-Beteiligung die Grenze zur persönlichen Unduldsamkeit überschreiten, was immer dann zu geschehen droht, wenn ehemals hochaktive Lebensinteressen aufeinanderprallen. Charakteristisch in meinem Fall sind das zwei Bereiche, die schon sprachlich miteinander verwandt sind oder zu sein scheinen: die Semantik und die Seemanntik. Dann jedenfalls können Kapriolen mit hoher Wahrscheinlichkeit im „chronistischen Wetterbericht" erwartet werden. Eine Glosse dazu kann ich mir nicht verkneifen.

Der Vorfall ereignete sich erst vor zwei Tagen auf einem Nebenkriegsschauplatz des Weltgeschehens, der von der Öffentlichkeit oft nicht einmal wahrgenommen wird, obwohl dabei gerade ein nationaler Begriff wie „Amerikas Glorie" vor die Hunde geht. Dem Nichtsegler wie dem am nautischen Geschehen uninteressierten „Volksgenossen" – der Ausdruck sei hier ausnahmsweise erlaubt, da wir uns auf patriotischem Terrain befinden – sei verraten, dass die amerikanische Prestige-Yacht *„American Magic"*, die als aussichtsreiche Herausforderin der letzten Cup-Gewinnerin aus New-Zeeland galt, in einer Windbö vor Auckland in einer Ausscheidungsregatta gekentert ist und beinahe gesunken wäre: eine schier unglaubliche Kapriole, wenn auch nicht unbedingt der lustigen Art!

Es ist hier nicht der Ort, die Bedeutung dieser traditionellen Sportveranstaltung und ihre Geschichte zu referieren, und es ist auch ein waghalsiges Unternehmen, dieses segelsportliche Ereignis, auch wenn es das bedeutendste seiner Art ist, als Bezugspunkt für einen Vergleich der Nationen in einem Ranking ihrer weltpolitischen Bedeutung heranzuziehen. Immerhin sollte es doch zu denken geben, wenn ein solcher Super-Gau in einem prestigeträchtigen Sport der Reichsten fast mit dem Ende einer politischen Ära eines Landes zusammentrifft, das ohne jede Scheu sich selbst als Nummer eins bezeichnet und dafür auch die Zustimmung der übrigen Konkurrenten in Anspruch nimmt, sich doch bitte schön brav hinten anzustellen.

So meine ich, in diesem spektakulären Zusammenfallen dieser beiden „Unfälle" auch ein Beispiel dafür zu sehen, wo allzu übermütige Kapriolen letztlich enden.

Das Stichwort Kapriolen fordert mich als Segler heraus, dem interessierten Leser, auch wenn er für den Segelsport nichts übrig hat, auf ein absolut wahnwitziges Phänomen hinzuweisen, das sich von der Öffentlichkeit so gut wie unbeachtet dort abspielt und in der Abteilung Kapriolen gerade alle Rekorde schlägt: Segeln mutiert soeben in die Disziplin „Flugsport" und ist dabei, die Gattung Wassersport mit all ihrem Charme hinter sich, richtiger eigentlich unter sich zu lassen. Man segelt jetzt über dem Wasser, nur noch ein schmales Krakenbein wird noch ab und zu in das Wasser getaucht, immerhin eine 11 köpfige Athleten-Mannschaft bedient pausenlos mit Armen oder Beinen gigantische Tretmaschinen, die Power für den Trimm der Segel liefern. Inzwischen hat man die Natur so weit überlistet, dass die fliegenden Kisten dreimal so schnell über das Wasser fliegen wie es der Antriebskraft des Windes entspricht und nahe daran sind, eine Geschwindigkeit von 100 km/h zu erreichen.

Gleichzeitig segeln ähnliche Maschinen bereits *„einhand"* um den Globus in einer Weltregatta, wobei ohne Stopp von der einköpfigen Besatzung in etwa drei Monaten einmal die Welt umrundet wird. *Spektakulus wahnwitzikus möchte man sagen,* wenn auch für den Zuschauer am Fernseher die Faszination der *Geschwindigkeit* unleugbar in geile Spitzenbereiche vorstößt. Wahnsinn, du siegst! Segler, vergiss deinen

Prinz-Heinrich und dazu alles, was die Natur an Wundern sonst zu bieten hat, setzt den Sturzhelm auf, und *derenn dich*!

Pandemisches Panoptikum: Buch VII
Das Finale

Ein letztes Geständnis: ich bin ein Zirkus-Fan.
Zu jeder Zirkus-Vorstellung, das weiß schon jedes Kind,
gehört auch ein Finale.
Nachdem die letzte Programm-Nummer über die Bühne
ging, intoniert das Orchester sein letztes opulentes Tä-
taratä, alle Artisten kommen gemeinsam in die Manege,
zur Steigerung des Beifalls aber nicht gleichzeitig, sondern nacheinander, nach dem Motto *Wir sind alle eine
große Familie.* Der Jubel nimmt kein Ende, Freude wird
körperlich spürbar, man könnte meinen, sie materialisie-
re sich und steige in ihrer goldenen Gondel, mit Jubel-
ketten wie mit Juwelen geschmückt in ihr Heiligtum
hoch über der Zirkuskuppel. Hände, Köpfe und Herzen
glühen vor Glück und Seligkeit. Vor dem geistigen Auge
meine ich dann Oleg Popov, den Hans im Glück und
König der Clowns zu erkennen, er ruft sein unverwech-
selbares *„schööööööööööööööön"* in die Manege und
eine Träne kullert ihm über die Backe.
Doch morgen werden es die Artisten in der Zirkuskuppel, unverzagt, erneut versuchen, der Welt – oder doch
mindestens ihrem Publikum – Freude zu schenken.
Ähnliches geschieht nach einer Aufführung *der Neun-
ten, wenn die Ode an die Freude* akustisch zelebriert
worden ist, *die Tochter aus Elysium* im Beifall ihren Tribut entgegennimmt und abhebt zum Flug zurück in die
überirdischen Gefilde der Lust.

Doch der Frust bleibt in den Niederungen des Weltgetriebes zurück, die Lust sackt in sich zusammen. Der Weg zur Bruderschaft aller Menschen ist noch sehr weit – gar eine Illusion?

Herr Nietzsche aber meint: *alle Lust will Ewigkeit.* Was ist davon zu halten?

Ich meine, Nietzsche verlangt zu viel, Ewigkeit ist kein Maß, das auf Erden zu gebrauchen ist, verträgt sich nicht mit der Endlichkeit, die wohl oder übel zu akzeptieren ist. Aus meiner Warte eines fast Neunzigjährigen würde ich jede Wette eingehen, dass *ewiges irdisches Leben* irgendwann zur Last, zur Qual, ja zur Strafe geriete, vermutlich schneller als erwartet. Selbst das *ewige himmlische Leben* ist ja schon von so einen Beigeschmack von Langeweile umweht, selbst wenn ewiges Glück doch eine andere Nummer ist als ewiges Gleichmaß aus viel Leid und ein wenig Glück nach irdischem Muster. Ich halte von diesem Fortdenken des irdischen Lebens in eine jenseitige Dimension gar nichts, für mich denken wir – damit meine ich auch meine katholischen Fähnlein -Träger – damit garantiert daneben. Das Jenseits ist in meinen Augen eine absolut andere Dimension ohne räumliche und zeitliche Einengung; mehr zu wissen steht uns nicht zu und ist auch für unser Dasein in der Zwischenstation Planet Erde nicht erforderlich. Basta!

Wenn ich mir also anmaße, meinem Buch zur Freude noch ein Kapitel „Finale" beizugeben, dann bleibe ich durchaus auf dem Teppich meiner bescheidenen Wahrnehmungsmöglichkeiten. Was das jenseitige Ufer angeht, halte ich alles für möglich, aber nichts für wahrscheinlich oder gar für verbürgt. Das neue Land zu erkunden, so habe ich es selbst immer empfunden, ist eine wunderbare Sache für die Zeit nach dem Anlegen; man sollte das Erlebnis nicht dadurch kaputt machen, dass man es sozusagen reduziert auf das Abhaken im Führer, dass auch alles da ist, was dort schon beschrieben ist.

Diese Weisheiten gebe ich umso lieber an mögliche Nachfolger weiter, weil ich das Glück hatte, durch die selbst auferlegte Pflicht, meine Erkundungen immer auch in einem vorzeigbaren Film zu dokumentieren, „mehr" zu sehen und auch später zu verarbeiten hatte, als andere Mitreisende, schließlich war ich ja auch mit einem weiteren Auge und ein paar zusätzlichen Sensoren ausgestattet: ein Glücksfall also der besonderen Art, der eine wirkliche Bereicherung meines Lebens und darüber hinaus auch das meines „Publikums" bewirkte.

Das Entscheidende ist: Freude will sich aus sich selbst entwickeln. Und sie will geteilt werden! Ich halte das für einen der größten göttlichen Schöpfungsprozesse, die uns Irdischen zugänglich sind, und ihr Entstehungsort und ihre Heimat ist das Herz.

Zurück nun aber zum großen Finale!
Halten wir aber doch noch einmal als klares Ergebnis des Zirkus-Tests fest, dass bei noch so viel Einsatz und „Bohei" davon keine *bleibende* Steigerung der Lebenslust erwartet werden kann; das Verfalldatum ist beim

Kauf der Eintrittskarte schon eingeschlossen, auch wenn es nicht draufsteht.

Damit ist auch klar, dass Freude nur in kleiner Münze zu haben ist, dass im Umkehrschluss also die Frage im Raum steht, wodurch sonst der angestrebte Erfolg erreicht werden kann, Stress abzubauen und stattdessen Freude zu generieren.

Ja, das ist möglich, aber dazu bedarf es einer erheblichen Änderung der Einstellung zum Leben, richtiger: zum Tod. Diese Aussage wird vermutlich nicht so sehr überraschen, denn jedem Klarsichtigen ist klar, dass die Angst vor dem Tod das größte Problem für das Leben darstellt, generell und individuell. Die Angst dürfte genauso überall da sein wie das bewusste Leben, das um seine Endlichkeit weiß. Und auch die unwillkürliche Reaktion des Menschen ist mindestens so alt wie seine aufrechte Existenz: Verdrängung. Also im Grunde: kalter Kaffee. Aber alle Statistiken sagen: so hoch wie in unseren Tagen war die Verdrängungsrate noch nie. Man könnte es als einen Witz der Weltgeschichte ansehen, dass diese Entwicklung jetzt zusammentrifft mit der größten Bedrohung der Menschheit weltweit durch die Corona-Pandemie. Man kann aber auch andere Schlussfolgerungen daraus ziehen, doch will ich auf das Thema nicht weiter eingehen, weil ich auch nichts Essentielles dazu sagen kann und weil mein Thema *Freude* sonst noch weiter an Einfluss und Gewicht verlöre.

Mein Petitum heißt, und das auch ohne Einflussnahme durch Corona:

Das Leben endet nicht mit dem Tod; der Tod ist nur ein Türöffner zu einem Leben ohne seine materielle Ebene, eine höhere Existenzform reiner Geistigkeit. Auch dies ist nichts Neues, es ging nur fast verloren, genauer gesagt: es wurde durch die These verdrängt, dass der Mensch keinen Gott braucht, da er das selbst ist. (Siehe dazu das eben erschienene Buch *HOMO DEUS vom jüngsten Philosophie-Professor der Welt, Juval Noah Harari).* Man sieht jetzt so langsam, wohin die Menschheit sich damit gebracht hat: an den Rand ihres Untergangs…

Mein Ausklang nimmt, wie schon in fast allen meinen Büchern eine Anleihe bei der Musik auf, in der ich schon immer so eine Art Brückenkopf gesehen oder sogar gespürt habe zu der jenseitigen, übersinnlichen Welt, zumindest in den Momenten, wo sie mich selbst ganz tief im Inneren erreicht und bewegt hat. Doch will ich noch eine andere Brücke dazwischen schieben, die ich mit *Götterdämmerung* überschrieben habe.

Pandemisches Panoptikum: Finale.
Götterdämmerung

So langsam scheint es mir an der Zeit zu sein, das Startkapitel meines Versuchs einer Stimmungsaufhellung in Corona-Zeiten auf Geheiß des Boandlkramers ad acta zu legen. Ich komme allerdings nicht um die Feststellung herum, dass mich mein Geschreibsel über die Glücksmomente meines Lebens selbst nicht sehr überzeugt hat, um so mehr zweifle ich daran, anderen viel Freude bereitet zu haben. Ich fürchte, Freude ist nicht so leicht auf andere zu übertragen, es könnte sogar sein, dass man die Freude eines anderen Menschen nur mit einem Neid-Gefühl wahrnimmt, solange sie nicht bei einem selbst ankommt. Viel effektiver wäre es, einen Gutschein für Freude verschenken zu können, die einen dann selbst überkommt, irgendwann, oder noch besser: bei Bedarf. Da man bei einem Versuch, diesen Gutschein zu kreieren meist wieder bei einem Geldschein landet, muss der Versuch als ungeeignet gelten. Es bleibt da eigentlich nur die Hoffnung für einen Autor, seinen Lesern ein paar Hinweise geben zu können, wie man für sich selbst Wege finden und ausprobieren kann, Freude hervor zu zaubern, für sich wie auch für andere, denn das bedingt sich gegenseitig, wie ich noch einmal betonen möchte. Siehe dazu die Ode an die Freude von Schiller mit der schönen Zeile: alle Menschen werden Brüder (und Schwestern!).
Wie dem auch sei, es erhebt sich der Verdacht, dass ein solcher Versuch von Fall zu Fall ganz verschiedene

Abläufe und Ergebnisse zeitigt, was aber den guten Willen, etwas Erfreuliches zu erreichen, nicht in Misskredit bringen sollte.

Nun habe ich mein letztes Kapitel mit dem Begriff „Götterdämmerung" überschrieben, weil ich einen wichtigen Gedanken bisher noch nicht angesprochen habe, der mit dem Verlust der Freude zu tun hat. Neil Postman hat es ja schon sehr treffend mit seinem Buchtitel „Wir amüsieren uns zu Tode" zum Ausdruck gebracht und das ist schon 1985 gewesen, und seither ist es meines Erachtens nicht viel besser geworden. Ja, Spaß suchen und haben wir ausreichend, wir sind alle mehr oder weniger außer Atem, uns selbst oder die Kinder zu bespaßen, aber Spaß ist doch eine sehr oberflächliche Form von Freude, fürs Herz oder gar für die Seele kommt da oft wenig bis nichts heraus. Und da bin ich jetzt schon beim Stichwort „Götterdämmerung".

Um nun den Übergang aus dem ersten Teil meines Buches in diesen neuen Abschnitt nicht zu hart erscheinen zu lassen, hole ich mir aus meinem Fundus noch einmal eine Story aus dem Fach „leichte Unterhaltung", freilich mit einem dem leichteren Brückenschlag dienenden Hintergedanken.

Götterdämmerung, da denkt vermutlich jeder zunächst an das Nibelungenlied und an Richard Wagner. Und diese Spur ist auch absolut zielführend.

An anderer Stelle habe ich schon erzählt, dass meine Beziehung zu Wagner keine glückliche war, weil er nicht selten daran Schuld hatte, dass aus einem schönen Segel-Nachmittag zu der Zeit der Bayreuther Festspiele für mich nichts wurde, weil mein Segelkumpan zusammen mit seinen Eltern fein gekleidet zum Empfang einer Festspiel-Übertragung aus Bayreuth in dem Salon ihrer Sommervilla am See verschwand. Da konnte die Sonne noch so schön scheinen und der Wind noch so verlockend blasen, das Blasen aus Bayreuth hatte ganz eindeutig Vorrang. Auch der mir durchaus bekannte Recke Siegfried mit dem Eichenblatt konnte mich nicht animieren, sein Idyll aus Wagners Feder oder etwas dergleichen als ein „anstatt" zu akzeptieren und so zog ich enttäuscht, ja wütend davon.

Doch eines Tages, es waren sicher mehr als zwanzig Jahre vergangen, kam dann doch Wagners große Stunde für mich. Und das kam so:

Mein Freund, Herbert Kromann, erfolgreicher Schauspieler und Regisseur, hatte ein Engagement als Lektor für eine Soiree im Schloss Neuschwanstein für die Belegschaft einer Münchner Universitätsklinik, Fach Neurologie und Psychologie, Thema „Genie und Wahnsinn". Dazu las nach einem Fachvortag des Doyens der Psychologenriege Herbert aus Schriften zu Wagners Werk und zu dessen Beziehung zu König Ludwig II. Die anschließende Diskussion unter den Fachleuten mit dem Theatermann war spannend, hitzig bis fast beleidigend. Ich konnte mir das Geschehen später mehrfach in Ruhe zu Gemüte führen, denn ich hatte das Ganze in Abstimmung mit dem Veranstalter, einer namhaften Pharma-Firma, gefilmt und mich noch tagelang beim Filmschneiden über die Darbietungen der Bayerischen Staatsoper unter Leitung von Wolfgang Sawallisch gefreut, der im Prunksaal des Schlosses eine berührende Aufführung des Siegfried Idylls als musikalische Umrahmung dirigierte. Da war ich dann mit Richard Wagner ausgesöhnt.

Ich deutete es schon an: mit dieser Erzählung wollte ich vor allem einem viel schwerwiegenderen Inhalt des Themas Götterdämmerung den Weg bereiten, der mit einer langjährigen Verflachung unserer Gottesbeziehung zu tun hat, und darüber hinaus mit einer zunehmenden Tabuisierung des ganzen Themen-Komplexes von Sterben, Tod und Jenseits. Man kann das an vielen Beobachtungen festmachen, wenn man mit offenen Augen und Ohren hier durch den Pfaffenwinkel wandert.

Da gibt es den schönen bayerischen Gruß „Grüß Gott" nur noch selten; die Kirchen werden von Jahr zu Jahr leerer; und jetzt in der Corona-Pandemie kommt keiner auf die Idee, die durchaus noch intakte und mit „ewigem Licht" bestückte Pestkapelle, die direkt neben dem Haus meines Sohnes gut beschildert im Neubaugebiet liegt, zu reaktivieren. In diesem Jahr werden zu Weihnachten zwangsweise auch noch die Kirchen weitgehend geschlossen bleiben, sozusagen das letzte verbliebene Stück christlichen Brauchtums also lahmgelegt. Die so entleerte Freude von Weihnachten, die da einmal mit machtvollem Schall das Kommen eines Königs einläutete, ist auf ein wenig Stimmungsmache und natürlich weiter ungebremsten Konsum reduziert. Das Schenken glücklicherweise hat noch seinen Platz gehalten, auch wenn oft über den damit verbundenen Stress gestöhnt wird.

Nun soll diese „Scherbenrede" nicht zu der falschen Botschaft verstanden werden, den ganzen Krempel über Bord zu kippen und einer Nullrunde das Wort zu reden; schon der Kinder wegen, denen ja immer noch die Mär vom Christkind erzählt wird, sagen wir es noch deutlicher: ein Bär aufgebunden wird, bis sie dann entdecken, dass es die Eltern sind, die das Christkind spielen. Ich mache mir schon lange darüber Gedanken, welche Auswirkungen dieser bewusste Betrug auf Raten langfristig für deren Glauben hat, habe aber selbst noch keinen anderen Weg gefunden. Ich bin schon froh, dass wir nicht mehr von einem strafenden Gott, von Hölle, Fegfeuer und ewiger Verdammung reden, was in meiner Kinderzeit doch ständige Angst mit sich brachte und echter Gottesliebe den Boden unter den Füssen entzog. Ja, Gott sei Dank (!), dass die Seuche Corona jetzt nicht als Strafe eines erzürnten Gottes verkauft wird, um das verbliebene Häuflein der Gläubigen noch bei der Stange zu halten!

Damit habe ich die Talsohle meiner kritischen Skizze vom durchschnittlichen heutigen Weihnachtsgeschehen noch nicht durchschritten. Dazu gehörte ja unbedingt auch ein Hinweis auf die langfristige Entwicklung der Heilsgeschichte mindestens der monotheistischen Religionen, doch würde ich damit den Rahmen meines literarischen Programms sprengen; als Denkanstoß müssen hier ein paar Stichworte genügen.

Mir selbst ist da aus meiner Kindheit besonders stark die Diskrepanz *vom irdischen Jammertal zum himmlischen Schlaraffenland* in Erinnerung geblieben, die sich übrigens besonders stark in den Texten unserer Weihnachtslieder in dem Komplex Messias, Heiland und Retter niedergeschlagen hat. Das Heil hat uns ja dann auch im Nationalsozialismus im Gruß „Heil Hitler" einige Jahrzehnte heimgesucht; „Heil Schickelgruber" hätte vermutlich eher eine Lachnummer abgegeben, uns aber vielleicht auch viel Unheil erspart. Andererseits sollte aber auch das Faktum zu denken geben, dass zumindest für unsere mitteleuropäische Gesellschaft der Gedanke, dass der Tod als endgültige Beendigung unserer inzwischen als recht passabel empfundenen Lebensform eher akzeptiert wird als die Vorstellung eines möglicherweise mit Risiken behaftetes Weiterleben an einem nicht definierbaren Ort.

Doch das verdient alles nur einen nachrangigen Listenplatz im Gefüge des Jenseitigen. Viel größeren Schaden und Verlust sehe ich in der zunehmenden Richtungslosigkeit in Sachen Tod und Jenseitserwartung, die inzwischen mit ziemlichem Erfolg aus dem „normalen Bewusstsein" eliminiert worden sind oder wenigstens auf die lange Bank verbannt wurden. Und dabei wäre es so einfach, dieses Tabu zu brechen und daraus eine Quelle der Hoffnung und der Freude zu zimmern – und das sogar absolut kostenlos. Ein Versicherungsbeitrag wird nicht erhoben, allerdings gibt es auch keine Versicherung!

Ein Versprechen? Ja, ein Versprechen, ein Versprechen vom Geist, der jeden von uns regiert, der ja neben und über der Materie das Leben garantiert, ohne den das Leben erlischt, das in uns wirkt. Darauf zu setzen ist ein reines Gewinnspiel, denn schlechtesten Falls kann man nichts gewinnen, aber eben auch nichts verlieren, denn man hat ja nichts eingesetzt; es gibt also kein Risiko, aber auf jeden Fall einen Gewinn an Ruhe, Gelassenheit, ja gar freudvoller Erwartung vor dem Tod. Was wirklich neu ist: es geht nicht mehr nur um ein Vertrauen auf eine menschengemachte Versprechung einer kirchlichen Institution, nein, es geht um einen Indizien-Prozess auf der Basis von gültigen Naturgesetzen und quantenmechanischen Erkenntnissen, deren Bestehen nicht in Zweifel stehen, die allerdings auch noch nicht erklärt werden können.

Es darf nach den bisherigen Erfahrungen aus dem Evolutionsgeschehen aber mit einer hohen Wahrscheinlichkeit damit gerechnet werden, dass die derzeit noch fehlenden Erklärungen in absehbarer Zeit unserem sich fortentwickelnden Verstand auch zugänglich sein werden. Es sei denn, dass die Menschheit sich selbst abschafft, wie das ja leider nicht ganz ausgeschlossen werden kann!

Ich räume aber ein, dass ich kein Fachmann in Physik oder einer anderen Naturwissenschaft bin, auch kein Philosoph oder gar Theologe. Ich verlasse mich auf meinen - wie ich meine: gesunden - Menschenverstand, dazu aber auch auf mein Gefühl, dem ich sogar inzwischen eine höhere Priorität im Verstehen dieser Welt einräume als dem Verstand. Wobei ich bei Herrn Hüther, von dem schon die Rede war, gelernt habe, dass sich das Gehirn bis zum letzten Tag unseres Lebens weiterentwickelt, wenn es dazu gefordert wird, ein Stehenbleiben oder gar ein Abbau im Alter also Unsinn ist. Natürlich ergibt sich aus dieser Aussage ein Problem, denn jedermann weiß, dass unsere Sprache vor allem ein Vehikel ist, unsere Gedanken zu transportieren und nicht darauf geeicht, die Gefühlswelt in Worte zu übersetzen. Sprache ist deshalb auch missverständlich und einseitig und bedarf, wie wir wissen, ihrerseits häufig der Interpretation. Doch habe ich einen anderen „Interpreten" gewonnen, eine meiner geliebten Musen, und zwar die Musik, eine Sprache, die ohne Worte auskommt, aber voll von Informationen aus dem Bereich des Überbewussten ist, also schon einer höheren Geistebene angehört. Damit glaube ich, noch ein Stück an Überzeugungskraft anzapfen zu können, die auf einer Ebene zu Hause ist, wo auch die Freude wohnt. Und da herrscht, so meine ich, noch keine Götterdämmerung.

Fußnote zur „Pascalschen Wette"
Etwas für Philosophie-Freunde

Mein Ausflug in die Philosophie ist für mich so ein bisschen wie die Teilnahme an einem „Russischen Roulette", gewagt, aber aktuell und, wie es sich gehört, mit offenem Ausgang. Eigentlich bin ich kein Spieler-Typ, aber offensichtlicher Unsinn reizt mich unweigerlich zu Widerspruch. Im vorliegenden Fall geht es zudem um ein Grundprinzip meiner Überzeugung in Sachen „Leben nach dem Tod", damit also auch um die Überzeugungskraft meiner Argumentation in diesem Buch. Stein des Anstoßes ist für mich ein soeben erschienenes Buch mit dem Titel „Trost" von Thea Dorn, in dem sie der Frage nachgeht," wie wir nach den *trostlosen Zeiten ...zurück zu Freiheit, Lebensfreude und einem glücklichen Leben im Hier und Jetzt zurück finden"* (zitiert aus dem Klappentext).

Die Pascalsche Wette habe ich schon im letzten Kapitel beschrieben, als ich noch gar nicht wusste, dass dieser in der Philosophie schon lange bekannter „Taschenspielertrick" so genannt wird; für mich war es immer ein auf Sokrates zurückgehender Versuch, einen „Zweifler an der Existenz des Jenseits" mit einer simplen Input – Output-Rechnung aufs Kreuz zu legen: *Du kannst bei dem Spiel nur gewinnen, aber nicht verlieren, denn wenn du dich verspekuliert hast und dich am Ende deines Lebens nicht im Jenseits wieder findest, bist du um keinen Deut schlechter dran, wie wenn du von vorne herein auf „Die Radieschen von unten", also auf ALLES AUF AUS gesetzt hättest.*

Dagegen wenden die „Ungläubigen" ein, das Jenseits sei nur mit einer Eintrittskarte zu erreichen, die auf dem Verzicht auf ein lebenswertes Leben im Diesseits, also z.B. durch Askese oder durch Ablässe, Spenden und Gehorsam gegenüber den Geboten der himmlischen Vertretung auf Erden, beruht.

Richtig ist, dass dieses Spiel der Machtgewinnung und -erhaltung auch über viele Jahrhunderte gespielt wurde und zum Teil auch noch gespielt wird, doch ist dieser Trick längst durchschaut und als sehr menschliches Beiwerk entlarvt; das würde ja darauf hinauslaufen, dass die „Ungläubigen" grundsätzlich keine Moral besäßen und nur *auf Teufel komm raus dem schnöden Mammon verfallen seien, wenn nicht gar noch Schlimmeren.* Ich gehe davon aus, dass sich auch Frau Dorn eine solche Einschätzung nicht gefallen lassen würde, wenn sie das Spiel richtig durchdacht hätte.

Nun bin ich kein Anhänger dieses Tricks, denn der Attraktor Gewinn/Verlust ist ein recht zweifelhafter, ja für Puristen unsaubererer, aber das rechtfertigt noch nicht, ihn zu „verteufeln", und genau dagegen wehre ich mich. Ich halte es für ausgesprochen borniert, sich zum Richter in der Frage der Motivation eines Menschen aufzuschwingen, die ihn zu seinen Entscheidungen führt. Und ich plädiere ganz entschieden für den Versuch, eine Lebensweise anzustreben, die dem Grundsatz: *Wir sind nicht zum Richter unserer Mitmenschen berufen* folgt.

So, nun ist es raus.

Ein letzter Satz: es geht bei dieser Frage um nichts weniger als um den Versuch, vielen Menschen dabei zu helfen, ihr Leben von der eingeborenen Belastung durch die Angst vor dem Tod zu befreien und dadurch das Tabu, nicht über das Leben nach dem Tod zu sprechen, aufzubrechen. Wie viel leichter wäre es doch, dem Gespenst Tod „den Stachel" zu nehmen und dem Jenseits mit Gelassenheit, Spannung, vielleicht sogar Freude entgegen zu gehen!

Pandemisches Panoptikum: Finale.
Musikalischer Ausklang

Mit Sokrates sollte mein Ausflug in die Philosophie nun eigentlich beendet sein. Da fällt mir aber noch ein Ausspruch von ihm in die Hand, der als bedenkenswerter und nach wie vor aktueller Abschluss hier noch zitiert sei:
Niemand kennt den Tod, es weiß auch keiner, ob er nicht das größte Geschenk für den Menschen ist. Dennoch wird er gefürchtet, als wäre es gewiss, dass er das schlimmste aller Übel ist.

Wie versprochen will ich nun mein Expeditionsschiffchen ins Unbekannte wieder in vertraute Gewässer lenken. Mit dem Stichwort „Gewässer" habe ich auch gleich den roten Faden wieder aufgelegt, der mich und meine Leser für die letzte Reise leiten soll: das ist das Element, aus dem wir kommen und vielleicht auch zurückkehren werden: das Wasser.
Nach den mannigfachen Erlebnissen, über die ich hier und auch in anderen Schriften berichtet habe, ist mein Lebensmotto „auf zu neuen Ufern" inzwischen nicht mehr erläuterungsbedürftig. Das Jenseits ist mir zwar natürlich auch ein weitgehend unbekanntes Revier, aber ich halte es für höchst wahrscheinlich, dass es existiert und könnte dafür noch vieles beibringen, was mich in dieser Meinung bestärkt: Sinniges, sicher auch Unsinniges. Jedenfalls sagt mir meine Erfahrung, dass es nichts gibt, was es nicht gibt, und da diese Erfahrung

eine sehr irdische ist, sollte sie doch erstrecht für die überirdischen Sphären übernommen werden dürfen! Wer sich von den Wundern dieser schönen Erde so oft hat begeistern lassen, kann ja gar nicht anders, als deren Schöpfer zuzutrauen, dass dem auch noch mehr eingefallen ist.

Zu den Wundern dieser unserer Lebensbühne gehört für mich ganz unzweifelhaft die Musik. Sie berührt nach meinem Empfinden schon einen Bereich in uns, der nicht mehr nur den Sinnen zugänglich ist, sondern dem, was wir Seele nennen, dem Teil in uns, der nicht gefunden, gewogen und vermessen werden kann, da er nicht aus Materie besteht. Es ist also dasselbe Problem, das die Naturwissenschaftler mit der Quantenphysik haben, da sie zwar eindeutige Befunde haben, sie aber nicht erklären können, weil sie nicht in ihr System passen. Sie tun mir schon richtig leid in ihrer Hilflosigkeit!

Ich bin mir bewusst, dass ich mit diesem letzten meiner Stichworte ein Thema anschneide, das abendfüllend, sagen wir besser: Bibliotheken füllend ist. Ich erinnere nur an Joachim E. Behrendt mit seiner damaligen Straßenfeger-Sendung *„Die Welt ist Klang"*, die auch mein Weltbild grundlegend erweiterte, veränderte. Doch darauf will ich in meinem Essay nicht hinaus, mir geht es viel mehr um das Ergriffenwerden durch Musik, Klang, Schwingungen, die zwar vom Gehör aufgenommen werden, aber das Herz oder die Seele berühren, also übersinnliche Empfindungen auslösen. Letztlich ist ja alles Schwingung.

In meinem Fall, den ich hier berichten will, geht es um „Wasser-Musik". Vielleicht erinnert sich der eine oder andere meiner Leser an mein Buch *„Nanne, die Königin von Saba",* in dem ich von den *Wasser-Bildern* des Herrn Lauterwasser berichtet habe, die durch Musik geformt werden; wenn man sucht, wird man auch im Internet fündig, weil es gelegentlich Konzerte gibt, die genau diesen Vorgang auf Großleinwand „live" übertragen.

Und auch in diesem Segment will ich mich auf ein einziges Beispiel beschränken, von dem ich hoffe, dass es so ziemlich jedermann bekannt ist. Es ist eine Art von Wassermusik, die schon von Händel thematisiert wurde, später im Repertoire jedes Klassikers und erst recht jedes Romantikers zu finden ist: die Geschichte eines Wasserlaufs. Etwas seltener ist eine ganze symphonische Dichtung, „aus meiner Heimat", in der das Wasser die Hauptrolle spielt; wer gerne Musikrätselsendungen hört, wird jetzt schon in den Startlöchern scharren und den Namen: *„Die Moldau" von Friedrich Smetana* auf den Lippen haben.

Tatsächlich ist es ein Musikstück, das mich immer bis ins Innerste berührt, weil es in meinen Ohren ein Sinnbild für das menschliche Leben darstellt. Das Wesentliche dabei ist das Gleichnis vom Kreislauf: so, wie das Medium Wasser von seinem Aufstieg als Wasserdampf in die Atmosphäre, in Wolkenbildung, Regenfall, Quellbildung, Bach- und Flusslauf bis zur Mündung ins Meer fließt, so empfinde ich auch den Lebensweg des Menschen als Kreislauf im natürlichen Kreislauf des „panta rhei". So sehe ich auch die Entstehung des menschlichen Lebens aus dem befruchteten Ei letztlich wie den Wasserkreislauf als Materialisierung des „Mediums Geist" in der unsterblichen Seele von der Geburt bis zur Rückkehr in den Ozean des ewigen Geistes.

Willigis Jäger hat dieses mystische Bild so formuliert:
> Wo gehen die Menschen hin, wenn sie sterben?
> Wo gehen die Wellen hin, wenn sie in den Ozean zurückkehren?
> Sie kehren zurück in den „Ozean Gott". Unser Ich hat vor diesem Zurückkehren Angst, aber wir gehen in eine umfassendere Erfahrung.
> Unsere wahre Identität ist das Weltmeer, nicht die Welle. Ob und wie die Welle weiter lebt, wenn sie in den „Ozean Gott" zurückkehrt, wissen wir nicht. (.....) Etwas viel Gewaltigeres erwartet uns nach dem Tod. Wir können uns dieses Neue mit unserem begrenzten Ich nicht vorstellen. Es ist eine Geburt in ein größeres Leben, in eine Fülle, von der wir keine Ahnung haben können, weil unsere Ratio zu eng ist. Es öffnet sich ein Tor, wenn wir sterben, es schließt sich nicht ein Tor. Nur in dieser Zielvorstellung macht das Leben Sinn. Eines Tages, wenn wir ein tieferes Verständnis erlangt haben, werden wir unseren Tod feiern, wie wir unsere Geburt feiern.

Smetana, der wie Beethoven fast taub war, als er *Die Moldau* komponierte, hat selbst davon gesprochen, dass es für ihn ein ganz besonderes Glückserlebnis war, ein Kontakt zu *höheren Ebenen*. Auf die Frage, warum er dies oder jenes so ausgedrückt habe, sagt er, darauf könne er keine Antwort geben.

Dieses Bild, das mich als Segler ganz besonders stark berührt, ist natürlich nur eines von vielen, die darauf warten, gefunden und ergriffen zu werden. Jeder ist da selbst sein bester Pfadfinder. Ein Besuch bei Smetana ist aber wohl in jedem Fall eine schöne Bereicherung und vielleicht ein „Seelenanker" auch für Nichtsegler!
Leider hatte ich keine Gelegenheit, die Moldau kennenzulernen. So bin ich jetzt etwas enttäuscht, dass sie in die Elbe mündet. Nach der Musik Smetanas war ich eigentlich auf ihre Mündung ins Meer eingestellt, etwa wie die Donau oder der Ebro, die ich per Schiff befahren habe. Das ist Natur pur, wie gleich nach der Schöpfung, oder wie Rückkehr nach Hause, so wie es Willigis Jäger vermittelt. Da möchte man gern seine letzten Atemzüge aushauchen dürfen, um dann ins große Abenteuer unseres Lebens hinüber zu gleiten, wie sich das dann auch immer darstellen wird: **auf zu neuen Ufern!** Dazu fällt mir nur ein, was mein Vater oft sagte, wenn er sprachlos war. Dann sprach er gern französisch:
honi soit qui mal y pense.
Das klingt schon mal weitaus schöner als der Spruch: die Radieschen von unten.
Denn man: *AHOI!*

Pandemisches Panoptikum.
Epilog

So erfüllend in meinem Empfinden der Dreiklang Smetana, Moldau und Heimat auch ist, ein besonderer Edelstein fehlt noch in meinem Jubiläums-Strauß, der diesen erst so richtig zum Funkeln bringt, den Jubel in ein Halleluja verwandelt. So lade ich noch einmal alle Leser*innen zu einem festlichen Epilog österlicher Prägung ein, wie es mir meine Muse heute Morgen eingegeben hat.

Natürlich ist es wieder eine Anleihe aus einem fremden Garten und natürlich ist es wieder ein Edelstein aus dem Bereich der Musik, der die Kraft besitzt, die materiellen Fesseln des Irdischen zu sprengen. Was kann das sein?

Ja, wer jetzt an Mozart denkt, liegt richtig. Vielleicht tippen Kenner sogar schon auf KV 165: exultate, jubilate mit dem schönsten Halleluja, das ich in meiner virtuellen Schmuckschatulle mit den Goldperlen von meiner Lebensreise im Herzen trage.

Dazu bin ich dem Leser meine ganz private Geschichte schuldig, ihm zu erzählen, wie diese Goldperle in die Schatulle kam. Dazu muss ich wieder in meiner Lebensgeschichte einige große Schritte bis in meine frühe Jugend zurückblättern, und zwar zum jeweils festlichsten Ereignis, das ein Jahr damals zu bieten hatte: zum Weihnachtsabend.

Ursprünglich hatte ich für die Schilderung von allem „Jubelnswertem" in meiner Vita auch ein eigenes Kapitel über Weihnachten nicht nur vorgesehen, sondern auch schon geschrieben, doch konnte ich mich dann nicht dazu entschließen, es in mein Buch zu übernehmen, da das Juwel Weihnachten in den letzten fünfzig Jahren an Glanz und Freudentrunkenheit arg unter die Räder gekommen ist, also dem Gebot „Aufheiterung" nicht mehr entsprechen konnte. Ich denke, jeder Leser kann selbst ein ungefähres Bild malen, was ich damit meine;ich habe jetzt einfach keinen Mut mehr, die überwiegend traurige Ballade meinem Buch mitzugeben.

Und jetzt soll die Geschichte doch als Schlussapotheose meines Freude-Buches taugen?

Nun, auch hier geht es wieder einmal um den Blick und vor allem den Willen zur Einstellungs-Veränderung: was will die Parabel sagen?

Vordergründig geht es um einen Text, noch dazu um einen lateinischen, ein Marienlied von einem unbekannten Autor. Doch was macht Mozart daraus? Eine Motette der Freude, ein **Halleluja des Jubels**. Und es war viele Jahre meiner Jugend der Höhepunkt von Weihnachten. Es war eine Aufnahme mit der Sopranistin Maria Stader, damals selbst ein Juwel des Musikerhimmels, und ihr Halleluja war einfach umwerfend, nein: himmlisch: da war er offen, genau da war Weihnachten. Und die Tränen flossen, Freudentränen, in denen das „Frohe Weihnachten" zu ertrinken drohte.

Steckt das vielleicht in dem so seltsam daher kommenden Wort „ *jauchzen"*, das ja so etwas tränenerstickt klingt? Gibt es das Wort überhaupt noch? In Bayern gibt es den *„Juchzer"*, in der Lautmalerei des Jodelns, wenn einem das Herz zerspringen möchte; die *Fischer-Rosl* von St. Heinrich hat ihren Geliebten Kastl am Starnberger See mit einem Juchzer begrüßt, wenn sie ihn auf seinem Post-Hörndl spielend erkannte (nach dem Buch von Max Schmidt, genannt Waldschmidt, das dieser im Auftrag König Ludwig II geschrieben hat und das sein Lieblingsbuch werden sollte, so wie es auch das meinige wurde). Jauchzen und Jubeln also fängt da an, wo Sprache aufhört. Und das steckt in Mozarts Halleluja.

Damit, so meine ich, ist alles gesagt, was zum Stichwort Freude gesagt werden kann.

Und damit ist auch das „G'sangl" des Bernrieder Dorf-Chronisten ausgesungen, der sich damit verabschiedet und seinen Lesern auf bairisch wünscht:

> *ein Riesen-Trumm von dera Freid.*
> Und *Ihr wiss't ja:*
> *Freid kann nur mehra werden, wenn ma's teilt!*

Sozusagen grundlos vergnügt

Ich freu mich, dass am Himmel Wolken ziehen
und dass es regnet, hagelt, friert und schneit.
Ich freu mich auch zur grünen Jahreszeit,
wenn Heckenrosen und Holunder blühen.
Dass Amseln flöten und dass Immen summen,
dass Mücken stechen und dass Brummer brummen,
dass rote Luftballons ins Blaue steigen,
dass Spatzen schwatzen und dass Fische schweigen.
Ich freu mich, dass der Mond am Himmel steht
und dass die Sonne täglich neu aufgeht,
dass Herbst dem Sommer folgt und Lenz dem Winter,
gefällt mir wohl. Da steckt ein Sinn dahinter.
Wenn auch die Neunmalklugen ihn nicht sehn.
Man kann nicht alles mit dem Kopf verstehn!
Ich freue mich, das ist des Lebens Sinn.
Ich freue mich vor allem, dass ich bin.
In mir ist alles aufgeräumt und heiter:
Die Diele blitzt. Das Feuer ist geschürt.
An solchem Tag erklettert man die Leiter,
die von der Erde in den Himmel führt.
Da kann der Mensch, wie es ihm vorgeschrieben,
– weil er sich selber liebt – den Nächsten lieben.
Ich freue mich, dass ich mich an das Schöne
und an das Wunder niemals ganz gewöhne.
Dass alles so erstaunlich bleibt, und neu!
Ich freu mich, dass ich . . . dass ich mich freu.

Mascha Kaléko: In meinen Träumen läutet es Sturm.

In Memoriam

Fern ist nah und nah ist fern
näher als Erde ist dir dein Stern.
Mitten drin am Rande der Welt
bist immer du unterm Sternenzelt.
Tod ist Not, weil du nicht weißt
nie noch die Pforte zum Drüben heißt.
All dein Ermatten ist nur ein Schatten
des unerklärlichen Lichtgesichts
des unnennbaren, des ewig Wahren.
Was auch geschieht, es geschieht dir nichts.
Alles Geschehen bleibt in der Zeit.
Dein neues Kleid, es liegt bereit.
Freue dich deiner Verwandlung!

Charlo Mor
(von ihr gedichtet zu ihrer Todesanzeige)

Anhang
Grabzeichen Fischer

Zum Verständnis:
Bei der Gestaltung des Grabmals hatte ich eine doppelte Zielsetzung im Kopf:
Erstens die Verbindung zu der hier begrabenen Person, also den Versuch, in dem „Denkmal" eine Erinnerung an etwas Wesentliches, was sie ganz persönlich kennzeichnete, herzustellen. Zweitens eine Botschaft auszusenden, die etwas darüber aussagt, wie dieses individuelle Leben im Gefüge des Gesamtkosmos, also in der göttlichen Schöpfung, eingebettet ist.
Die erste Zielsetzung soll durch den **Opalstein in Form eines aufgebrochenen Herzens** erreicht werden. Er ist ein Auswurf des Vulkans *Teide* in Teneriffa, wo er in dessen Caldera gefunden wurde. Ich habe ihn dort in einem Schmuckladen gefunden und erworben als Geschenk für meine Frau und ihn ihr überreicht mit dem von Bruce Marschall entlehnten Titel seines Buches **„Alle Herrlichkeit ist innerlich",** im Sinn: der Verlust äußerlicher Schönheit wird aufgewogen von der Schönheit im geöffneten Herzen, als Symbol überströmender Liebe. Und ich bin mir sicher, daß meine Frau ihr Leben nach ihrer Behinderung auch so verstanden hat. Der Opal wurde übrigens auch schon in der Antike als Schmuckstein und Symbol der Liebe gesehen.
Die zweite Zielsetzung **„Botschaft"** sehe ich erfüllt in der **Einbettung des individuellen Lebens in die um-**

gebende Schöpfung, in der das einzelne Leben sich entfalten soll. So wie ein Stein, der ins Wasser geworfen wird, Kreise zieht, Verbindungen eingeht, Schwingungen aussendet und in Resonanz geht. Gemeint ist damit die Erkenntnis der Quantenphysik, daß der Mensch im Geflecht der Schöpfung nicht nur Beobachter, sondern Mitwirkender Ist als ein Teil des Ganzen.
Die verbindenden Kreise symbolisieren das kosmische Geflecht, etwa im biblischen Bild vom Wehen des Geistes Gottes über dem Urozean (Genesis 1). Hervorgehoben ist die goldunterlegte Lemniskate, die liegende Acht als das Zeichen der Ewigkeit, Aussage: **Das Leben und die Liebe enden nie/ Ewiges Leben.**
Manfried Fischer, Bernried, 24.6.2018

(Erläuterung zur Sitzung des Gemeinderats Bernried.)

Die Genehmigung wurde nicht erteilt mit der Begründung, daß das geplante Grabzeichen nicht in die Friedhofs-Umgebung passe. Deshalb steht der „spirituelle Überbau" des Monuments jetzt im Garten, Hapberger Weg 3.

Von Manfried Fischer sind beim Rediroma-Verlag erschienen:

 **"Den Wind in der Hand", mein Leben unter Segeln**
ISBN 978-3-86870-346-7

 **Laurentiustränen**
ISBN 978-3-86870-444-0

 **Glück und Glas**
ISBN 978-3-86870-540-9

 **Leben im 20sten Jahrhundert**
ISBN 978-3-86870-789-2

Achtung: Baustelle!
ISBN 978-3-86870-941-4

Nachlese
ISBN 978-3-96103-189-4

Nanne, die Königin von Saba
ISBN 978-3-96103-425-3

Von der Front
ISBN 978-3-96103-545-8

Bernried und die glücklichen Umstände
ISBN 978-3-96103-806-0